07

# 阿拉伯文学巨擘：马哈福兹

林丰民——著

华中科技大学出版社
http://press.hust.edu.cn
中国·武汉

图书在版编目（CIP）数据

阿拉伯文学巨擘：马哈福兹/林丰民著.——武汉：华中科技大学出版社，2023.6
（阅读世界文学巨匠系列）
ISBN 978-7-5680-9398-9

Ⅰ.①阿… Ⅱ.①林… Ⅲ.①马哈福兹(Mahfouz, Naguib 1911—2006)—生平事迹
Ⅳ.①K834.115.6

中国国家版本馆 CIP 数据核字（2023）第 065198 号

阿拉伯文学巨擘：马哈福兹　　　　　　　　　　　　　　林丰民　著
Alabo Wenxue Jubo：Mahafuzi

---

| | |
|---|---|
| 策划编辑： | 亢博剑　伊静波　孙　念 |
| 责任编辑： | 孙　念 |
| 责任校对： | 林凤瑶 |
| 责任监印： | 朱　玢 |
| 封面设计： | 璞茜设计 |
| 出版发行： | 华中科技大学出版社（中国·武汉）　　电话：（027）81321913 |
| | 武汉市东湖新技术开发区华工科技园　　邮编：430223 |
| 印　　刷： | 湖北新华印务有限公司 |
| 开　　本： | 880mm×1230mm　1/32 |
| 印　　张： | 6.25 |
| 字　　数： | 133 千字 |
| 版　　次： | 2023 年 6 月第 1 版第 1 次印刷 |
| 定　　价： | 38.00 元 |

---

本书若有印装质量问题，请向出版社营销中心调换
全国免费服务热线：400-6679-118　竭诚为您服务
版权所有　侵权必究

# 序

我很高兴向大家介绍这本关于诺贝尔文学奖获得者、埃及作家纳吉布·马哈福兹的书。当我获知我亲爱的朋友北京大学的林丰民博士撰写了一本关于著名作家纳吉布·马哈福兹的书,我感到非常高兴。

撰写一本关于埃及作家纳吉布·马哈福兹的书,可以说是为阿拉伯和世界图书馆增添当代阿拉伯文学和文化专业知识的重大努力。

纳吉布·马哈福兹被认为是20世纪埃及文学和阿拉伯文学巨擘之一,他以独特的文学风格和非凡的想象力、表现力而著称,他的描写常常就像一种风格风趣的、融合了魔幻的现实。

本书所做的研究描述了纳吉布·马哈福兹这位文学家的生平和成就,呈现了他对阿拉伯文学的巨大影响,此外还深入分析了他的一些重要的文学作品,如《三部曲》《我们街区的孩子们》《新开罗》《始与末》(又译《尼罗河畔的悲剧》),以及《千夜之夜》(中文版译名为《续天方夜谭》)等。

林丰民博士在本书中所呈现的研究,对于理解纳吉布·马哈福兹辉煌的文学作品作出了宝贵的贡献,对于阿拉伯文学在华语世界的传播作出了重大贡献。

由于纳吉布·马哈福兹的文学作品曾被翻译成多种语言，这本书将极大地帮助人们理解他的中文作品。因此，对于世界上任何对阿拉伯文学、文化和翻译感兴趣的人来说，这本书都是一部重要且必要的著作。马哈福兹本人对友好的中国人民非常友好且尊重。

非常感谢林丰民博士，他是一位阿拉伯文学领域的杰出教授和研究者。他不仅撰写了关于纳吉布·马哈福兹的学术文章，还对塔哈·侯赛因、陶菲格·哈基姆、杰马勒·黑塔尼，以及纪伯伦、尼扎尔·格巴尼、塔伊布·萨利赫、苏阿德·萨巴哈和嘉黛·萨曼等阿拉伯作家进行了颇有价值的研究。

我希望你们能很好地阅读（这本书），也许这将为你们打开一个新的领域，更多地了解关于纳吉布·马哈福兹和其他为丰富文学与人类思想而作出贡献的富有创造性的文学家。

埃及驻中华人民共和国大使<br>
阿西姆·哈纳菲<br>
2023 年 6 月

مقدمة

يسعدني أن أقدم لكم هذا الكتاب حول الأديب والروائي المصري نجيب محفوظ، الحائز على جائزة نوبل للآداب عام 1988، حيث سعدت كثيراً حينما علمت أن صديقي العزيز في جامعة بكين أ. د . لين فنغمين (عامر ) يؤلف كتاباً حول هذا الأديب المصري والعالمي الشهير.

إن عملية تأليف كتاب حول نجيب محفوظ تعتبر من الجهود المهمة التي تضيف إلى المكتبات العربية والعالمية المعرفة المتخصصة في الأدب والثقافة العربية المعاصرة.

يعدُّ نجيب محفوظ أحد أعلام الأدب المصري و العربي في القرن العشرين وقد تميز بأسلوبه الأدبي الفريد وقدرته على تجسيد الخيال بل وتصويره أحياناً كواقع في مزيج ساحر وأسلوب شيق.

تصف الدراسة المقدمة في هذا الكتاب حياة الأديب نجيب محفوظ، وإنجازاته العديدة وتستعرض تأثيره الكبير على الأدب العربي، بالإضافة إلى تحليل عميق لبعض أعماله الأدبية الأساسية مثل "الثلاثية" و"أولاد حارتنا" و"القاهرة الجديدة" و"بداية ونهاية" و"ليالي ألف ليلة" وغيرها من رواياته.

إن الدراسة التي قدَّمها د . عامر لين فنغمين في هذا الكتاب تعتبر مساهمة قيمة ومطلوبة لفهم أعمال نجيب محفوظ الأدبية الرائعة ومساهمة كبيرة في نشر الأدب العربي في العالم الناطق بالصينية.

يمثل هذا الكتاب عملاً هاماً وضرورياً لكل مهتم بالأدب والثقافة العربية والترجمة في العالم وبالأخص في الشعب الصيني الصديق الذي كان نجيب محفوظ يكن له كل الاحترام والمودة.

شكراً للدكتور عامر، الأستاذ والباحث البارز في الأدب العربي، الذي لم يكتب مقالات علمية عن نجيب محفوظ فقط، بل كتب أيضاً أبحاثاً قيمة حول الأدباء طه حسين وتوفيق الحكيم، وجمال الغيطاني، وأيضاً عن جبران خليل جبران ونزار قباني و الطيب صالح وسعاد الصباح، وغادة السمان وغيرهم من الأدباء العرب.

أتمنى لكم قراءة طيبة و لعل ذلك يفتح المجال لمزيد من الكتابات والترجمات حول نجيب محفوظ وغيره من أدباء مبدعين ساهموا في اثراء الادب والفكر الانساني.

عاصم حنفي

سفير جمهورية مصر العربية لدى جمهورية الصين الشعبية

埃及驻中华人民共和国大使阿西姆·哈纳菲为本书作推荐序原文

## 文明互鉴 求同存异

迫于泰西的坚船利炮和千年未有之大变局，洋务运动开启了改良的滥觞。但囿于技不如人，且非一朝一夕可以赶超，一些仁人志士又被迫转向上层建筑和世道人心。及至"百日维新"，新国家必先新风气、新风气必先新文学被提上日程。这也是五四运动借文学发力，"别求新声于异邦"的主要由来。

是以，从古来无史、不登大雅的文学着手，着眼点却在改天换地：梁启超发表《论小说与群治之关系》等檄文，陈独秀、瞿秋白、鲁迅、胡适等前赴后继，文学革命蔚然成风，并逐渐将涓涓细流汇聚成文化变革的浩荡大河。

用习近平总书记的话说，"文化是一个国家、一个民族的灵魂。文化兴国运兴，文化强民族强。没有高度的文化自信，没有文化的繁荣兴盛，就没有中华民族伟大复兴。"而文学始终是狭义文化的中坚。因此，习近平总书记历来高度重视文学发展和文明互鉴，《在文艺工作座谈会上的讲话》发表后不久，又提出了"不忘本来，吸收外来，面向未来"，此乃大同精神所自也、最大公约数所由也。如是，"建设文化强国"写进了我国的"十四五"规划，这不仅彰显了文化自信，而且擢升了文化强国的动能。

一

《周易》云："观乎天文，以察时变；观乎人文，以化成天下。"所谓人文化成，文化在中华传统思想中几乎是大道的同义词。中国特色社会主义文化源自中华民族五千年文明历史所孕育的中华优秀传统文化。创造性继承和创新性发展传统文化不仅是民族生生不息的精神命脉，而且也是涵养社会主义核心价值观的源头活水，更是我们在世界文化激荡变幻中站稳脚跟的坚实基础。同时，海纳百川地吸收世界优秀文化成果不仅是不同国家和人民之间交流的需要，也是提升个人修养的妙方。所谓"他山之石，可以攻玉"，早在汉唐时期，兼收并蓄、取长补短便是中华文化、中华民族繁荣昌盛的不二法门。

习近平总书记又在《习近平谈治国理政》第三卷中明确提出，"我将无我，不负人民"。多么令人感奋的誓言！这是对"天下为公"和"为人民服务"思想的现实阐发，也让我想起了老庄思想中遵循"天时""人心"的原则。由是，人类命运共同体理念尊崇最大公约数：除基本的民族立场外，还包含了世界各民族自主选择的权利。这是两个层面的最大公约数，与之对立的恰恰是不得人心的单边主义和霸权主义。

作为人文学者,我更关注民族的文化精神生活。诚所谓"有比较才能有鉴别",中华文化崇尚"穷则独善其身,达则兼济天下",乐善好施、谐和万邦;同时,中华文化又提倡天人合一、因地制宜。当然,中华文化并非一成不变,更非十全十美。因此,见贤思齐、有容乃大也是我们必须坚持的基本信条之一,闭关自守、夜郎自大将导致悲剧和苦果。当前,我国文化与世界各国文化的交流方兴未艾,学术领域更是百花齐放,呈现出前所未有的多样性和丰富性。这充分显示了我国的开放包容和建构人类命运共同体的美好愿景。自"百日维新"和五四运动以降,我国摒弃了文化自足思想,从而使"西学东渐"达到了空前的高度。具体说来,二百年"西学东渐"不仅使我们获得了德先生和赛先生,而且大大刺激了我们麻木已久的神经。于是,马克思主义、人道主义、女权主义、生态思想等众多现代文明理念得以在中华大地发扬光大。

西方的崛起也曾得益于"东学西渐"。设若没有古代东方的贡献,古希腊罗马文化的发展向度将不可想象,"两希文明"也难以建立。同样,在中古时期和近代,如果没有阿拉伯人通过"百年翻译运动"给西方带去东方文明成果(其中包括我国的"四大发明"),就没有文艺复兴运动和航海大发现。

总之,丰富的文化根脉、无数的经验教训和开放包容的心态不仅使中华民族在逆境中自强不息,而且自新中国成立,尤其是改革开放和新时代以来,也益发奠定了国人求同存异的民族品格。

## 二

人说不同民族有不同的文化,后者就像身份证。而我更乐于用基因或染色体比喻文化。大到国家民族,小至个人家庭,文化是精神气质,是染色体,是基因。它决定了各民族在国际交往中既有发展变化,又不易被淹没的活的魂灵。

如今平心而论,我们依然是发展中国家。硬件上尚有不少"卡脖子"的问题,软件和细节方面就更不必说。我们需要向西方学习和借鉴的地方还有很多。而文学艺术不仅是世道人心的载体,也是文明互鉴中不可或缺的航标。

前辈钱锺书先生一直相信"东海西海,心理攸同;南学北学,道术未裂"。古人则有"夫以铜为镜,可以正衣冠;以史为镜,可以知兴替;以人为镜,可以明得失"之谓。人需要借镜观形、换位思考、取长补短,民族、国家亦然。

有鉴于此,我真诚地祝愿阅读世界文学巨匠系列丛书顺利出版,祈中华文化在吐故纳新、温故知新、不断鼎新中"苟日新,日日新,又日新"。

中国社会科学院学部委员,外国文学研究所原所长,<br>
中国外国文学学会会长,第十二、十三届全国政协委员<br>
陈众议

## 匿名的共同体与"回家的召唤"

24年前,费孝通先生首次提出文化自觉的概念,包含着两层意思:首先,要对自己的文化追根溯源、把握规律、预示未来;其次,不断与异文化交流并尊重差异,携手共同发展。这一概念的提出时值全球一体化之初,借由他者体认自我的意识不可谓不高瞻远瞩。

今时今日,我们说不同文明之间要平等对话、交流互鉴、相互启迪,前提便是高度的文化自觉:知自我从何而来、到何处去,知不同于我者为差异及补充。

但具体而言,自我体认如何与他者相关?可试从我熟悉的翻译说起。

几近一百年前,1923年,自称"在土星的标志下来到这个世界"的本雅明将法国诗人波德莱尔的《巴黎风貌》译为德文,并撰写了译序,题为《译者的任务》。在这篇译序中,本雅明谈翻译,实际上也在谈认知及语言。明面上,本雅明主要阐述了三个问题:

其一，文学作品是否可译；其二，如果原作者不为读者而存在，我们又如何理解不为读者而存在的译作；其三，翻译的本质为何。

为此，本雅明打了一个比方。他将文字比作树林，将作者看作入林的行路者，而译者则是林外纵观全局、闻语言回声之人。文学作品如若绕圈打转，所及无非枯木，向上无以萌芽刺破天空，向下无根系网织土壤、吸收营养、含蓄水分，又何来可译的空间？可译不可译的问题便化为有无翻译的空间及价值的判断。文林呼唤作者入内，作者受了文林的吸引而非读者的呼唤，而文林又非无动于衷的死物，始终在生长、变化，身于林外的译者眼见这一错综复杂的变迁，所领略的只能是变化的共同体——原作"生命的延续"，也非读者的期待。翻译，便是无可奈何地眼见原作的变化、语言间的差异，"在自身诞生的阵痛中照看原作语言的成熟过程"，真正的翻译，因为表现出语言的变化以及不同语言之间的互补关系，自然流露出交流的渴望。

若非差异，若非差异构建的空间广阔，若非差异空间的变化与生长之永恒，何来交流之必要，又何谈翻译？

四十多年后，法国作家布朗肖批判性地阅读了本雅明的《译者的任务》，写下了《翻译》一文。布朗肖说，翻译确实可贵，文学作品之所以可译，也的确因为语言本身的不稳定性与差异，"所有的翻译栖息于语言的差异，翻译基于这一差异性，虽然从表面看似乎消除了差异"。但是，作为母语的他者，外语唤醒的不仅仅是我们对差异的感知，更重要的，还有陌生感。对于我们早已习以为常的母语，因为外语的比对，我们竟有如身临境外偶然听到母语一般，忽然之间竟有一种陌生的感觉，仿佛回到了语言创造之初，触及创造的土壤。

20世纪20年代，德国作家本雅明阅读、译介法国作家波德莱尔，写下了世界范围内影响至深的《译者的任务》。20世纪70年代，法国作家布朗肖批判性阅读德国作家兼翻译家本雅明的《译者的任务》，写下《翻译》，影响了一代又一代后现代主义的代表人物。可见，翻译不仅从理论上，更是在有血有肉的实践中解释并促进着跨文化的交流与不同文明的互鉴。

文之根本，在于"物交杂"而变化、生长，文化之根本在于合乎人类所需又能形成精神符号，既可供族群身份认同，又可以遗产的方式薪火相传。简单说，文化更似一国之风格。"阅读世界文学巨匠"系列丛书，具有启迪性的力量，首辑选取了10国10位作家，有荷马（希腊文）、塞万提斯（西班牙文）、但丁（意大利文）、卡蒙斯（葡萄牙文）、歌德（德文）、雨果（法文）、普希金（俄文）、泰戈尔（孟加拉文）、马哈福兹（阿拉伯文）、夏目漱石（日文）——一个个具有精神坐标价值的名字，撑得起"文学巨匠"的名头，不仅仅因为国民度，更因为跨时空的国际影响。我们的孩子从小便从人手一本的教科书或课外读物中熟悉他们的名字与代表性作品，从某种程度上来说，他们的风格似乎代表了各国的风格。当哈罗德·布鲁姆谈文学经典所带来的焦虑时，同时表达着文化基因的不可抗拒性。进入经典殿堂的作品及作家，表现、唤醒并呼唤的正是典型的文化基因。当我们比对普希金、歌德、夏目漱石、泰戈尔及其作品时，比对的更像是俄罗斯、德国、日本、印度及其精神、文化与风骨。伟大的作品往往没有自己的姓名，匿名于一国的文化基因，似乎将我们推向文化诞生之初，让我们更接近孕育的丰富与创造的可能。在这一基础上，如上文所说，作为文化的他者，他国的文学巨匠将唤醒我们对于自身文化的陌生感，让我们离文化的诞生之地又进了一步。

至于文明，则是社会实践对文化作用的结果，作为一国制度及社会生活成熟与否的尺度及标准，不同文明有着各自更为具体的历史、人文因素与前行的目标。尊重文化间的差异，鼓励不同文化的平等对话与交流互鉴，既是文明的表现，更是文明进一步繁荣的条件。差异构建的多元文明相互间没有冲突，引发冲突的是向外扩张的殖民制度与阶级利益，极力宣扬自我姓名甚至让其成为法令的也是殖民制度与阶级利益，而非文明。24年前，费孝通先生所畅想的美美与共的人类共同体，便是基于文明互鉴的匿名的共同体。

差异与陌生引领我们步入的并非妥协与殖民扩张之地，而是匿名于"世界"与"国际"的共同体。

我们试图从翻译说起，谈他者之于文化自觉与文明互鉴的重要性，也谈经典之必要，翻译之必要，因为正如本雅明所说，"一切伟大的文本都在字里行间包含着它的潜在的译文；这在神圣的作品中具有最高的真实性。《圣经》不同文字的逐行对照本是所有译作的原型和理想。"而今，摆在我们面前的这套丛书，集翻译、阐释、文化交流与文明互鉴为一体，因为更立体的差异与更强烈的陌生感，或许可以成为作品、文化与文明创造性的强大"生命的延续"。

最后,仍然以本雅明这一句致敬翻译、文化交流与文明互鉴的努力:有时候远方唤起的渴望并非是引向陌生之地,而是一种回家的召唤。

浙江大学文科资深教授、中国翻译协会常务副会长

许钧

2021 年 4 月 7 日于南京黄埔花园

# CONTENTS

# 目录

**导言** 我们为什么今天还读马哈福兹？… 001
　　　　马哈福兹的创作成就 … 003
　　　　马哈福兹对埃及和阿拉伯文学的影响 … 008
　　　　阿拉伯作家和评论家对马哈福兹的评价 … 015
　　　　马哈福兹对世界文学的影响 … 018

**PART 1** 马哈福兹生平 … 023

**PART 2** 马哈福兹代表作导读 … 033
　　　　从《新开罗》到《梅达格胡同》：埃及城市中产阶级的悲剧 … 035
　　　　开罗三部曲：传统与现代的冲突 … 056
　　　　《我们街区的孩子们》：公平正义与社会秩序的重构 … 083
　　　　《续天方夜谭》：善与恶的斗争 … 102

**PART 3** 马哈福兹在中国的翻译与研究 … 117
　　　　马哈福兹在中国的翻译 … 119
　　　　马哈福兹研究趋势 … 123
　　　　从经典的建构到马哈福兹研究的全面展开 … 129
　　　　有关马哈福兹的学术活动 … 136

**PART 4** 马哈福兹经典名段摘录 … 141

# 导言

## 我们为什么今天还读马哈福兹?

  我们为什么今天还读马哈福兹？当然是因为马哈福兹的文学创作有着足以傲人的巨大成就，部分作品经过时间的淘洗，逐渐成为文学经典，还因为他的小说作品不仅对埃及的文学做出了巨大的贡献，而且在阿拉伯世界也收获了巨大的影响，甚至在世界文坛奠定了其应有的地位。1988年瑞典科学院宣布把当年度的诺贝尔文学奖授予埃及作家纳吉布·马哈福兹的时候，就毫无争议地确认了他在世界文学地图中的坐标。他是埃及和阿拉伯世界第一位获得诺贝尔文学奖的作家，也是目前为止用阿拉伯文写作的作家中唯一一位获得了诺贝尔文学奖的阿拉伯人。

## 马哈福兹的创作成就

很多读者和研究者特别敬佩马哈福兹的勤勉。几十年如一日的笔耕不辍,马哈福兹为世界文坛贡献了 50 余部中长篇小说和短篇小说集。对于马哈福兹来说,做一个专职作家、心无旁骛地创作是完全不可能的事情。他曾经将自己与美国作家海明威做过对比,海明威过着自由的生活,再将生活的细节转述给人们,海明威可以飞往地球上的任何地方去体验生活,再把这些体验写出来。而对于马哈福兹来说,写作却是颇为艰辛的工作,有时候甚至是一种撕裂神经的艰难体验,因为白天他要去政府部门上班,基本没有时间花在创作上,只有在安静的夜晚才有时间提起手中的笔,有时候甚至写上两小时就备感疲惫。因此,他不无感慨地说道:"人们把我写出的东西称为文学作品,而我则要把它称为职员的文学作品。"[1] 就是在这样艰苦的条件下,他为读者贡献出来那么多的精品。

对于一般的作家来说,马哈福兹创作的小说数量的确是难以企及的,但我们不是仅仅因为他创作的数量就对他给予高度的评价,更重要的是他的作品的确为我们提供了一个观察阿拉伯世界的绝佳视角,为我们思考人类的命运和永恒的人性提供了经典的文本。我们可以从他的几部代表性著作略窥管径。

马哈福兹本人最为得意的几本小说,也是大家公认写得好的作

---

[1] 参见仲跻昆:《阿拉伯文学史》第四卷,北京大学出版社,2020 年。

品，分别是俗称开罗三部曲的《宫间街》《思宫街》和《甘露街》，《平民史诗》《我们街区的孩子们》和《千夜之夜》（又译《续天方夜谭》）。

开罗三部曲从主人公阿卜杜·杰瓦德——一个中产阶级的封建式家长写起，进而扩展到他的家庭三代人的生活，延伸到开罗街区的埃及社会众生相，从叙述个人的命运扩展到埃及整个国家和民族的前途，展现了20世纪上半叶埃及社会的风云变幻，揭示了传统与现代的矛盾冲突、新生势力与保守势力的斗争。颇似中国现代著名作家巴金先生的《家》《春》《秋》"激流三部曲"。文学评论家刘再复曾经提到瑞典文学院的马悦然教授跟他说过，马哈福兹笔下的现实和巴金笔下的现实与风情很相近。有的作品只要把地名、人名置换一下，我们简直难以分清是巴金的还是马哈福兹的。[①]在开罗三部曲中，作家在人物形象的塑造、细节的描写、心理的铺垫、结构的安排上均独具匠心，堪称阿拉伯现实主义小说的典范。有中国学者评价："三部曲的问世，标志着阿拉伯现实主义小说的成熟，奠定了现实主义小说的牢固基础。它的影响所及不仅限于埃及作家，而且扩展到整个阿拉伯半岛以及北非三国的阿拉伯作家，从而推动了现代小说的发展与繁荣。这部小说取得的成就也确立了马哈福兹在阿拉伯文学界一代宗师的崇高地位。阿拉伯评论家把他与狄更斯、巴尔扎克、托尔斯泰相提并论。

---

① 刘再复：《纳吉布·马哈福兹不仅属于埃及》，见《纳吉布·马哈福兹短篇小说选萃》，华夏出版社，1989年，第2页。

德国东方学者则推崇他为'埃及的歌德'。"①

《平民史诗》可能是马哈福兹本人最喜欢的一部作品。②这是一部富有传奇色彩的长篇小说,讲述了纳基家族近十代人为争取社会公正和幸福生活而经历的漫长而曲折的道路,展现一个街区里的百姓长达两百年的生活图景,表现出作者对于底层群众的深切怜悯和博爱,从另一个侧面反映了作家为追求理想世界而进行的探索。显然,马哈福兹希望借助这样一个家族故事,去构建一个正义、仁爱、平等、和谐的理想社会。正像《平民史诗》中文版再版封底对这部作品的介绍:作品以高度浓缩的艺术手法写了一个平民家族近十代人的兴衰演变,完全淡化了作品所处的时间、地点,也难以见到作品主人公所处的环境与背景。整部作品又像是预言,在近十代人不断的权力争斗、经济纠葛、爱恨情仇中逐渐展开,仿佛人类历史进程的一个缩影。作品的故事本身和所有主人公的命运都富含一种超现实主义和象征主义的色彩。

《我们街区的孩子们》虽然引起了巨大的争议,甚至导致马哈福兹在晚年的时候遭遇刺杀,但从主题上看,它在一定程度上延续了作家在《平民史诗》中所要表达的主题,即对公平与正义的追求。故事

---

① 高慧勤、栾文华主编:《东方现代文学史》,海峡文艺出版社,1994年,第1430页。该书中有关马哈福兹文学的部分为中国社会科学院外国文学研究所的李琛研究员所撰写。
② 2019年,笔者在参加中阿文明对话会期间,询问开罗大学文学院时任副院长:"马哈福兹最优秀的作品是哪一部?"他回答道:"马哈福兹本人曾当面对我说过,自己最得意的作品是《平民史诗》。"

同样是描写了不同的几代人斗争的历程，但每一代人象征着不同的宗教，为了公平秩序的建立而奋起抗争，直至打败恶头人，恢复街区和平的秩序。无论人们有什么样的信仰，只要社会失去了公平和正义，就必然会导致社会的变革甚至于流血的革命，而这正是人类历史的必然命运。作家在小说的最后一个部分以象征着科学与知识的"阿拉法特"的故事，表达了自己的观点：未来的希望在于科学。马哈福兹把科学当成了一种最应该信仰的宗教。

《千夜之夜》在思想内容上表现了马哈福兹在另外一个维度上的思考，即善与恶的斗争。马哈福兹在小说中通过13个曲折离奇、优美动人的故事，挖掘人物的内心世界，真实地刻画了人物灵魂中的真善美与假恶丑，凸显了贪欲使灵魂堕落的主题，描写了灵魂获得救赎的艰难历程，表现了他对人性的内在冲突、善恶纠葛的深入思索。

# 马哈福兹对埃及和阿拉伯文学的影响

马哈福兹对埃及和阿拉伯文学的影响是巨大的。他精湛的小说艺术得到了整个阿拉伯世界的承认。阿拉伯作家协会在世纪之交评选了20世纪最佳小说排行榜，共105部小说登榜，马哈福兹的开罗三部曲毫无争议地排在了榜首。1996年，在埃及创设了"纳吉布·马哈福兹文学奖"，面向阿拉伯世界的小说家，每年奖励一部年度最佳阿拉伯文小说，获奖的作家都以此为荣。获奖的作家除了得到1000美元的奖金以外，其获奖小说还会被翻译成英文，扩大其在世界范围的影响力。马哈福兹在一定程度上推动了埃及和阿拉伯现代小说的发展，而他的小说作品被改编成影视作品，以及他本人创作的电影剧本被拍成影视作品则极大地扩展了其文学作品的影响力，无论是在他身前还是身后，埃及和阿拉伯评论界都给予了高度的评价。

## 引领埃及和阿拉伯现代小说的发展

马哈福兹对埃及和阿拉伯文学的影响体现在各个不同的阶段他都有优秀的小说作品面世，在浪漫主义、现实主义、新现实主义（现代主义）、后现代主义的创作方面都颇有建树，在一定程度上引领了阿拉伯小说的发展。正如一位中国学者所言："纳吉布·马哈福兹视写作为生命，真诚地热爱艺术。在现代阿拉伯小说艺术发展上，他起到了承上启下的关键作用。他同其他阿拉伯作家共同努力，将阿拉伯小说的写作技巧提高到世界先进水平。就纳吉布本人的艺术成就而言，这是他融会阿拉伯悠久的文学传统、欧洲文学的灵感和个人艺术才能的结果。"①

在阿拉伯现代小说的形成期，依次出现了模仿西方小说模式而创作出的消遣性小说、历史小说和艺术小说。但无论是哪一类，大都具有浪漫主义的风格，即使历史小说也是借古讽今，多表现反帝反殖民反封建的主题，或借爱情的题材批判传统习俗与礼教对人们尤其是对妇女的桎梏与束缚。纳吉布·马哈福兹便是从创作浪漫主义的历史小说起步的。他最初发表的三部小说《命运的嘲弄》（1939）和《拉杜比斯》（1943）和《底比斯之战》（1944）都取材自古埃及历史，以春秋笔法对当时英殖民者和奥斯曼土耳其人的外来入侵、统治进行抨击，表达了阿拉伯人追求自由、独立、民主、幸福的愿望。

随后在现实主义的小说创作方面，马哈福兹以其代表作《宫间街》《思宫街》和《甘露街》三部曲进一步确立了他在阿拉伯文坛的稳固地位。作家在《汗·赫利利市场》（1946）、《新开罗》（1947）、《梅达格胡同》（1947）和《始末记》（1949）中浓墨重彩地描述了埃及小资产阶级知识分子的生活道路和悲剧性命运。后三部小说中的主人公都不甘贫困，不择手段地往上爬，试图改变自己的命运，但是黑暗的现实使他们始终难以如愿。使马哈福兹真正确立其一代宗师之崇高地位的是他的三部曲（1956—1957）。作家在这部表现几代人生活的"家

---

① 关偶：《拥抱艺术拥抱人类》，见《纳吉布·马哈福兹短篇小说选萃》，华夏出版社，1989年，第5页。

族小说"中，从一人一事下笔，引出一家几代人几多事，从个人命运、家庭遭遇纵深引入对国家与民族前途的思考，反映出20世纪上半叶埃及社会的风云变幻，以及在社会文化转型过程中新与旧的斗争、进步与落后的搏斗、传统文明与现代文化的撞击、科学与信仰的冲突。在马哈福兹的三部曲中，形象塑造、形式结构和细节描写等方面均显示出作者深厚的功力，使之成为阿拉伯现实主义文学的典范。小说中的人物一个个都有着鲜明的个性特征，但又很难给某个人物简单地贴上"善"或"恶"的标签，因为每个人都深受传统文化氛围潜移默化的影响，同时又留下了时代的烙印。作家对三代人家谱式人物形象的有序描写，经过精心设计形成树状的结构，干、枝、叶详略有序，主次分明。作家还充分利用时间结构展开情节的叙述，随着时间的流逝，人物的外形变化、场景置换乃至居室布置都变换更新，给人以时移世迁的印象，使人感觉到时代脉搏的跳动；父权、夫权和神权地位的逐渐削弱，新思想、新观念代位上升；老人辞世，新的生命降世……在这种新与旧、生与死的交替中呈现出社会内部的深刻变化。作家精细的写实手法使三部曲成为一部百科全书式的作品。对日常生活中婚丧嫁娶、衣着打扮、建筑布局、家居布置、长幼关系以及不同家庭不同的生活方式和家风等的细节描写，使读者充分领略到埃及的风俗人情。马哈福兹三部曲的出版面世，标志着阿拉伯现实主义小说的成熟，它的影响从埃及扩展到整个阿拉伯文坛，对阿拉伯小说的发展与繁荣起到很大的推动作用。

马哈福兹写完他的三部曲之后，也就是埃及革命后，埃及社会发生了很大的变化。他认为应该用新的文学艺术去表现变化的社会，为此他辍笔六年，上下求索，探寻新路。他深思熟虑的结果就是与传统的现实主义既有联系又有区别的新现实主义。他指出，"传统的现实主义的基础是生活：你要描述生活，说明生活的进程，从中找出其方向和可能包含的使命；故事从头到尾都要依赖生活、活生生的人及其详尽的活动场景。至于新现实主义，其写作的动机则是某些思想和感受，面向现实，使其成为表达这些思想和感受的手段。我完全是用一种现实的外表形式表达思想内容的。"[1]在具体的写作技巧上，马哈福兹的新现实主义还借鉴了意识流、自由联想、内心独白和时空交错等现代主义的表现手法。他在这一阶段创作的新现实主义小说《我们街区的孩子们》(1959)、《鹌鹑与秋天》(1963)、《道路》(1964)、《乞丐》(1965)、《卡尔纳克咖啡馆》(1974)和《平民史诗》(1977)等作品中，从人类发展的角度思考人类的命运，探寻通往理想境界的途径。这些作品一改往昔的风格，以前作品主人公命运所受到的来自外部现实力量的决定性作用已经荡然无存，取而代之的是人物内心的运作，具体而言就是人的精神危机。作家注重的不再是具体的外部事件，而注重它在人物意识中的反映，注重的是人物的心路历程。

马哈福兹对"新现实主义"的探索为"六十年代辈"作家群创新起了带头羊的作用。当然更重要的是社会形势的急剧变更对他们的触动。这一代年轻作家成长在国家独立后的稳定环境中，接受了社会主

---

[1] 转引自季羡林主编：《东方文学史》（下册），第1453页。该书中有关马哈福兹的论述由中国外国文学学会阿拉伯文学研究分会前会长仲跻昆撰写。

义的价值观,对个人前程和国家未来充满信心。而在他们逐渐长大成熟的时候却看到社会主义进程在各国的倒退,令他们失望。更有甚者,1967年的阿以战争中阿拉伯所遭到的惨败,犹如一场噩梦,使他们的内心受到强烈的震动,笼罩心头的是耻辱、失望、沮丧、迷茫的情绪。但所有这些都没有使他们颓靡下去,反而激起了他们的历史使命感。他们以极大的勇气直面人生,从历史和文化的高度思考国家、民族和个人的命运,反思过去,设计未来。

与西方现代主义文学紧密关联的后现代主义文学观念也对小部分阿拉伯当代作家产生了一定的影响。在这方面,马哈福兹不愧为宗师,走在了同时代作家的前列。他在后期创作的某些作品和西方的后现代小说一样削平了深度模式,"自我消解了叙事成为非小说",①体现了消解中心意识、无中心性、无体系性、无明确意义的后现代主义美学特征。"后现代主义小说提出有许多情节(有时是不连贯的情节),有许多同等的意识中心,有许多叙述场合,而不只有一个主要情节,不是像在多数现代主义小说里那样(如詹姆斯、普鲁斯特、纪德、伍尔夫、穆齐尔和斯维伏等作家的小说)只有一个主要的意识中心,也不只是有一种主要的聚焦手段和一个主要的叙述者。"②这些特征在

---

① 王岳川:《后现代主义文学与写作》,见张国义编:《生存游戏的水圈·理论批评选》(中国后现代文学丛书),北京大学出版社,1994年,第68页。
② [荷兰]厄勒·缪萨拉:《重复与增殖:伊塔洛·卡尔维诺小说中的后现代主义手法》,见佛克马·伯顿斯主编:《走向后现代主义》.王宁等译.北京大学出版社,1991年,第165页。

马哈福兹的《镜子》（1972）、《日夜谈》（1986）等小说中多有体现。《镜子》里出场的三教九流、形形色色的人物共有50余人，《日夜谈》里有名有姓的人物超过百人，但就是没有一个中心人物，故事情节若有若无，平平淡淡，有时还很不连贯，让人看不出有什么明晰的主题，一个个人物毫无秩序的出场构成了一个由随意性、偶然性和破碎性支配着的世界。由于阿拉伯社会与西方的后工业社会尚有很大的差距，尚不具备整体的后现代文化精神，因此不仅普通读者难以接受，就连评论家们也无法理解，对这类作品视而不见，不予评说。

马哈福兹对后现代主义小说技巧的运用还体现在《千夜之夜》。他在这部小说中采用了复制和增殖的手法，把阿拉伯民间故事集《一千零一夜》中的人物和情节进行重新演绎。

## 影视改编作品进一步扩大影响

马哈福兹对阿拉伯文学和文化的影响还在于他曾经创作了为数不少的影视剧本，他的小说也被大量改编成影视作品，在阿拉伯世界广为展映，从而将其影响从普通的读者群体扩展到更广泛的观众群体。在埃及评选出的100部最佳电影中，有10部是马哈福兹创作的剧本或脚本，6部是从马哈福兹的小说改编的，也就是说他一个人独占16部（另外有一种说法是17部），由此可见马哈福兹在埃及影视界的影响力。[①] 马

---

[①] 穆罕默德·凯里姆：《跨界电影和小说的纳吉布·马哈福兹》，"新阿拉伯人"网站，2019年3月30日。

哈福兹电影之所以取得巨大的成功，有导演优秀的因素，但也取决于作品本身的魅力。首先，马哈福兹电影大多数发生的场景是在开罗，是大多数埃及人都非常熟悉的那些地方，观众看了之后特别有亲切感。其次，马哈福兹电影中的主人公大多数是穷人或者底层的人物，比较接地气，这些电影人物的生活很接近普通埃及老百姓的生活。最后，马哈福兹电影几乎每一部都是对社会中的一些不良现象的揭露，是对社会的批判，因此特别容易赢得人们的共鸣。

时至今日，仍然不断有影视界人士还在商购马哈福兹小说的版权，欲将其改编为新的影视作品。2021年初，有一位叫阿穆鲁·萨阿德的艺术家就曾表示购买了《我们街区的孩子们》的版权，要将它打造成5季的电视连续剧。①

---

① 《阿穆鲁·萨阿德：〈我们街区的孩子们〉可能拍成5季的项目》，上贴时间：2021年1月3日，访问时间：2021年2月3日，https://www.filfan.com/videos/43014。

# 阿拉伯作家和评论家对马哈福兹的评价

马哈福兹获奖之后，多个阿拉伯国家的首脑或亲自给马哈福兹打电话，或给他发电报，对他获奖表示祝贺。他逝世之后，各国首脑更是对他的去世表示哀悼，并对他的成就给予高度的评价。

埃及前总统在马哈福兹逝世后，曾对他做出这样的评价："纳吉布·马哈福兹用他的笔表述了他对埃及人民及其历史、事业的热爱，用他的创作表达了人类的共同价值，并用他的作品宣扬了不要执迷、偏激而要教化、宽容的价值观，他荣获诺贝尔文学奖表明了一种承认，承认阿拉伯思想对人类文明及其现代遗产做出的贡献。"并称他"是思想、文化的一面旗帜，是一位卓越的小说家，一位启蒙的思想家，是一位标新立异的笔杆子，是一位让阿拉伯文化、文学走向了世界的作家"。[1]

约旦国王阿卜杜拉二世在马哈福兹逝世之后给当时的埃及总统穆巴拉克和马哈福兹家属的唁电中说："文豪的逝世，使我们损失了一位伟大的创作者、一座阿拉伯文学最杰出的桥梁。他在阿拉伯现代文学史上已构成一座里程碑。……马哈福兹的文学杰作丰富了阿拉伯和世界的文库，表达了人类社会的忧患，获得了世界各国文

---

[1] 转引自仲跻昆：《新中国60年马哈福兹小说研究之考察与分析》，《北大中东研究》，2015年第1期（总第1期），第71页。

化界的赞赏。"

科威特埃米尔评价马哈福兹说:"阿拉伯大文豪马哈福兹在阿拉伯小说世界的丰功伟绩使他得以站在已获得广泛的世界声誉的阿拉伯文学家的最前列。"阿联酋总统谢赫穆罕默德·本·扎耶德·阿勒纳哈扬说:"纳吉布·马哈福兹的作品在世界上取得了杰出的引人注目的地位,丰富了阿拉伯与世界的文库。他获得诺贝尔奖是当之无愧的,是值得我们骄傲和自豪的。"[1]

而作为同行的作家和评论家,也纷纷发表对马哈福兹的看法,对于他的创作给予充分的肯定。埃及评论家拉贾·纳卡什指出,"对于纳吉布·马哈福兹来说,他集天赋与坚强的意志于一身,使自己的天赋得到保护和开发利用;也避免了自己的迷失和腐化。由此我们可以说纳吉布·马哈福兹的巨大成功,是天赋和坚强的人类意志相结合,取得完全成功的难得典范。""纳吉布·马哈福兹是个因他的文学和品德而受世代传颂的受欢迎的学者。他不仅告诉我们有关文学成就的思想,也告诉我们他演绎的完美的人性特点。所以你如果想了解一个伟大的文学家,你会发现,纳吉布·马哈福兹是个楷模,如果你想了解一个伟人,你会发现他也是个活模板。""事实上是,纳吉布·马哈福兹自己并没有用任何举动来引起人们的广泛关注,而是集中精力进行创作,他用他的文学作品关注着他所在

---

[1] 转引自仲跻昆:《纳吉布·马哈福兹的创作道路》,《大爱无边:埃及作家纳吉布·马哈福兹研究》,宁夏人民出版社,2008年,第13~14页。

社会的事件、经历和重大问题,也从阿拉伯文学和世界文学的迅速变化中获益。由于纳吉布·马哈福兹对文学创作的绝对忠实和对阿拉伯文学与世界文学的清楚认识,他在文学创作上达到了巅峰,并引起了世人的瞩目。"①

---

① 拉贾·纳加什:《我如何认识纳吉布·马哈福兹》,马学琴译,转引自《大爱无边:埃及作家纳吉布·马哈福兹研究》,宁夏人民出版社,2008年,第276-277页。

## 马哈福兹对世界文学的影响

马哈福兹对世界文学的影响也体现在多个方面。首先是其作品世界各种主要语言的译本多。马哈福兹总共 50 余部小说作品,其中有 36 部翻译成了英文。彼特·博克索尔(Peter Boxall)仿照《一千零一夜》的数目编著了一本书,题为《一生必读的 1001 本书》①,参与编写的有 100 多位国际评论家,其中马哈福兹的作品《梅达格胡同》(Midaq Alley)和《米拉玛尔公寓》(Miramar)赫然在列。在一个英文网页所列的埃及作家所著的 8 部最佳小说中,就有 6 部是马哈福兹的作品,分别为《我们街区的孩子们》《梅达格胡同》《米拉玛尔公寓》《宫间街》《思宫街》《甘露街》。②而翻译成法文的马哈福兹作品数量则达到了 69 种(有的是多种译本)。③马哈福兹的小说在希腊也得到了极大的认可,译者碧尔莎·库木齐(بيرسا كوموتشى)一个人就翻译了 16 部马哈福兹的小说,该译者称:"刚开始翻译的两本马哈福兹作品并没有太大的反响,但当我从阿拉伯文直接翻译了马哈福兹的作品之后,受到了读者的欢迎,反响

---

① Peter Boxall, "1001 Books You Must Read Before You Die",访问时间:2021 年 2 月 5 日,https://thegreatestbooks.org/lists/186.
② "The Greatest Books Written by Egyptian Authors",访问时间:2021 年 2 月 5 日,https://thegreatestbooks.org/the-greatest-fiction/written-by/egyptian/authors.
③ "Les livres de l'auteur : Naguib Mahfouz(69 résultats)",访问时间:2021 年 2 月 5 日,https://www.decitre.fr/auteur/151646/Naguib+Mahfouz.

巨大。"①土耳其的一个学者曾经指出,阿拉伯文学被翻译成土耳其文,马哈福兹是个转折点,不仅因为他本人获得了诺贝尔文学奖而受到了土耳其爱好者的关注,捎带也引起了土耳其读者对阿拉伯文学的兴趣,从而引起更多对阿拉伯文学作品的翻译,让土耳其的读者更多地了解了阿拉伯文学。②

说到世界文坛对马哈福兹的接受,最为典型的事件,便是瑞典文学院将1988年度的诺贝尔文学奖授予马哈福兹,使之成为迄今为止唯一一位获得了该奖的阿拉伯作家。

那么,为什么瑞典文学院将诺贝尔文学奖授予马哈福兹呢?

当然是因为马哈福兹为世界文学做出了巨大的贡献。瑞典文学院把1988年度的诺贝尔文学奖授予马哈福兹,或多或少有出于政治的考虑。就连阿拉伯的作家和评论家中也有不少人公开表达了这样的一种观点,他们认为,西方之所以授予马哈福兹诺贝尔文学奖,是因为他的作品中含有对埃及乃至整个阿拉伯社会的激烈批判。但这肯定不是唯一的原因,让评委会折服的还有马哈福兹小说艺术的成就。我们从诺贝尔文学奖的颁奖词中可以看到西方世界是如何评价马哈福兹

① 赛义德·侯赛因:《马哈福兹作品译者:诺贝尔得奖作家的小说在希腊受到欢迎》"(العين الأخبارية)"新闻眼",(نجيب محفوظ: روايات أديب نوبل تجد أقبالا في اليونان السيد حسين, مترجمة أعمال) 网站,上贴时间:2019年12月12日,访问时间:2021年2月5日, https://al-ain.com/article/egypt-art-translat。
② 穆罕默德·哈基·索钦:《土耳其学者:马哈福兹获得诺贝尔奖是阿拉伯文学翻译的转折点》(访谈), ( أكاديمي تركي: نجيب محفوظ نقطة تحول لتراجم الأدب العربي ),上贴时间:2017年12月22日,访问时间:2021年2月5日。https://www.aa.com.tr/ar/1012038/التقارير/أكاديمي-تركي-نوبل-نجيب-محفوظ-نقطة-تحول-لتراجم-الأدب-العربي-مقابلة。

的。颁奖词中指出,纳吉布·马哈福兹作为阿拉伯散文的一代宗师,其地位无可争议,因为他在所属的文化领域的耕耘,其中长篇小说和短篇小说的艺术技巧均已达到国际优秀标准。这是他融会贯通阿拉伯古典文学传统、欧洲文学的灵感[①]和个人艺术才能的结果。颁奖词还指出,马哈福兹及其丰富的著作促使人们思考生活中的重要课题,尤其是"时代的爱情和本质、社会和准则、知识和信仰等主题在多种情景中反复出现,引人深思,激发良知,鼓励人们勇敢对待"。[②]而在语言和小说艺术的运用方面,诺贝尔文学奖颁奖词也给予了极为赞赏的高度评价,认为马哈福兹开创了全人类都能欣赏的阿拉伯语言叙述艺术,他作品中的诗情画意甚至已经跨越了语言的障碍,被世界各国的读者所理解。

联合国前秘书长安南也对马哈福兹做出了高度的评价。他说:"纳吉布·马哈福兹的逝世,是欣赏其高尚文学的人类的巨大损失。"美国时任总统布什称马哈福兹"是一位不凡的艺术家,他成功地将丰富多彩的埃及历史、社会摆到了世界面前。……马哈福兹的作品将会继续把他热爱的埃及介绍给美国人和世界各国的读者"。法国前总统希拉克把马哈福兹看作是一位"和平、对话和宽容的人",他说:"纳

---

[①] 马哈福兹阅读和学习西方文学的范围很广,影响马哈福兹的西方作家可以列出长长的一个名单,最著名的有托尔斯泰、契诃夫、陀思妥耶夫斯基、莫泊桑、安德烈·纪德、莎士比亚、普鲁斯特等。
[②] [瑞典]斯·艾伦:《诺贝尔文学奖颁奖词》,郁葱译,《世界文学》,1989年第2期,第200页。

吉布·马哈福兹非常认真、仔细、现实主义地描绘了埃及社会,他是于1988年获得诺贝尔文学奖的第一个阿拉伯作家,为埃及文学和古老的埃及天地赢得了世界性的声誉,在那片天地里,他度过了童年,并从中获取了创作的灵感。"①

一位中国学者指出,"纳吉布·马哈福兹摘取了1988年诺贝尔文学奖的桂冠,绝非偶然。他几十年如一日,执着地追求理想世界,启发人民的良知;在艺术上不断探索创新,开创了全人类都欣赏的阿拉伯语言艺术,奠定了自己作为一代阿拉伯散文宗师的地位。纳吉布同当代许多文学大师,如苏联的肖洛霍夫、帕斯捷尔纳克、索尔仁尼琴,美国的辛格、贝洛、布罗茨基,哥伦比亚的加西亚·马尔克斯等一样,对人类的现状与未来抱有情真意切的忧虑和关怀,提出了有关人类终极命运的问题。"②在《东方现代文学史》中更是对马哈福兹给予了高度的评价:"马哈福兹怀着对美好理想的向往与追求,站在历史发展的高度俯视人生,以朴实无华、真实生动的笔触艺术地再现了埃及发展的现代化进程,表达他对国家、民族、人类命运的关注与思考。他在艺术上锲而不舍的探索,随着时代的前进而发展。每迈出的一步都勾勒出阿拉伯小说发展的轨迹。他的艺术实践不仅把阿拉伯

---

① 以上各国领导人对马哈福兹的评价均转引自仲跻昆:《纳吉布·马哈福兹的创作道路》,《大爱无边:埃及作家纳吉布·马哈福兹研究》,宁夏人民出版社,2008年,第13~14页。
② 关偁:《拥抱艺术拥抱人类》,见《纳吉布·马哈福兹短篇小说选粹》,华夏出版社,1989年,第3~4页。

现实主义小说推上顶峰，也促进了它的现代化进程。因此马哈福兹不愧为'阿拉伯小说之父'。1988年授予他诺贝尔文学奖，再次肯定了他的文学成就与贡献。"①

世界文坛不仅认可马哈福兹为"阿拉伯现代小说之父"，而且将他与世界文坛上的文学巨擘相提并论，有的称他是"阿拉伯的巴尔扎克"，有的称他是"阿拉伯的陀思妥耶夫斯基""阿拉伯的托尔斯泰"，足见他在世界文坛上的地位和影响。

伟大的作品总会在历史上留下痕迹，就像开罗郊区的三座大金字塔，作为埃及建筑作品的丰碑和埃及文化的象征，历经风霜，阅尽人间万千事，至今屹立在埃及的大地上。有人认为马哈福兹作为一个伟大的文化人物，也将同金字塔一样长留在埃及的文学史和文化史上，因此将其称为"第四座金字塔"。

---

① 高慧勤、栾文华主编：《东方现代文学史》，海峡文艺出版社，1994年，第1430页。该书中有关马哈福兹文学的部分为中国社会科学院外国文学研究所的李琛研究员所撰写。

# PART I

## 马哈福兹生平

马哈福兹（1911—2006），全名纳吉布·马哈福兹·阿卜杜·阿齐兹·易卜拉欣·艾哈迈德帕夏，埃及著名作家、文学家、电影剧作家和思想家，阿拉伯世界唯一的诺贝尔文学奖获得者。1911年12月11日出生于开罗的杰马利耶区一个中产阶级家庭。一生创作50余部中长篇小说和短篇小说集，最重要的作品有开罗三部曲（《宫间街》《思宫街》《甘露街》）、《平民史诗》和《我们街区的孩子们》。他也是阿拉伯世界中作品被改编成影视作品最多的文学家，在阿拉伯世界家喻户晓、妇孺皆知。

其父亲阿卜杜·阿齐兹·易卜拉欣是一个公务员，除了《古兰经》，只读过穆伟里希的《伊萨·本·希萨姆谈话录》，因为该作家是他的朋友。母亲法特梅·穆斯塔法·卡西舍是爱资哈尔宗教学者穆斯塔法·卡西舍长老的女儿。马哈福兹是家里最小的儿子，比年龄最小的姐姐还小10岁,所以在家中备受宠爱。两个姐姐早早就出嫁,两位兄长也在大学毕业后自立门户。因此,马哈福兹的成长环境跟其他埃及家庭的小孩儿不太一样。他的周围尽是一些成年人。这让他缺少同龄的小伙伴,渴望同龄人之间的友情,性格上显得有些内向。

马哈福兹从小在传统文化的氛围中成长起来。他从小就听到各种优美的神话、传说和故事,既有古埃及《亡灵书》的传说,也有《古兰经》中的故事和其他伊斯兰教故事,还有民间广泛流传的寓言故事《卡里来与笛木乃》和民间故事《一千零一夜》等等,当然还有那些朗朗上口的古代诗歌。这些优美的故事,有的是他在家里听到的,更多得益于开罗老城区底蕴深厚的民间口头文学,换句话说,来自于街头的说书艺术。马哈福兹经常站在咖啡馆门口听说书艺人边弹乌德琴[1],边绘声绘色地讲述各种民间故事。"后来他几乎每天都要去咖啡馆休息、会友,常年处在这样浓厚的民间口头文学熏陶中。因而我们能发现即使在他小说创作自觉取法西方艺术的时候,同时也带有民间说书的痕迹。民间说书在马哈福兹作品中的价值并不在于它表现了某种深刻的理念或道德,而在于它的自由性、开放性,以及与开罗民间传统浓郁的生活气息直接相连。"[2]这对他早期的审美情趣的形成产生了重要的影响。这些优秀的文学

---

[1] 一种阿拉伯乐器,类似于中国的琵琶,被认为是阿拉伯的"乐器之王"。
[2] 张洪仪,谢杨主编:《大爱无边:埃及作家纳吉布·马哈福兹研究》,宁夏人民出版社,2008年,第8页。

遗产，早早就在马哈福兹幼小的心灵上打下深刻的烙印，为他的语言素养打下了坚实的基础。加上他母亲喜爱法老文化，常常带他去参观金字塔和埃及博物馆，这让他对古埃及文化产生了极大的亲近感，也为后来他刚刚登上文坛之初便创作以古埃及文化为背景的历史小说埋下了伏笔。中学时代，他对文学的兴趣渐浓，从看侦探小说开始，迷上了读书，尤其是文学书籍。他崇敬当时埃及的著名文学家塔哈·侯赛因、文化巨匠阿卡德和思想家萨拉麦·穆萨，在文学前辈的影响下，他立志要成为一个社会改革家，通过文化唤醒民众的意识。

马哈福兹 7 岁那年，即 1919 年，埃及爆发了革命，爱国主义的情绪在整个埃及蔓延，马哈福兹的父亲也会经常在家里谈论革命的事情，这对他产生了极大的影响，在他的代表作开罗三部曲的第一部《宫间街》和其他的小说作品中均有所体现。

宗教文化也是马哈福兹自幼汲取知识的源泉之一。他的外祖父就是一位爱资哈尔的长老，具有丰富的伊斯兰宗教知识，他的母亲从娘家带来的宗教知识无形之中也影响了他。马哈福兹的父亲也是一位虔诚的穆斯林。在这样的父母组成的家庭中，弥漫着浓浓的伊斯兰宗教的气息，使马哈福兹在青少年时期便容纳了古埃及法老文化和伊斯兰文化两种不同的文明系统。我们在他后来的创作中可以看到这两种文化影响的明显痕迹。

父母对他的熏陶还体现在音乐方面。他自幼传承了父母对音乐的喜好。他曾经在接受访谈的时候承认自己对于音乐的痴爱。他说：

"在我的内心和生活中,除了文学,再没有其他艺术能像音乐一样渗透到我的灵魂和生命。"[①]他小时候不仅爱听歌,满脑子里装满了埃及的歌曲,无论是传统的东方曲目,还是诗歌所谱成的曲子,甚至歌女们的小曲小调,他都非常熟悉,并且经常模仿着哼唱。据他的朋友们说,马哈福兹唱得很好听。他对音乐的喜好不仅停留在听、唱的层面,还读过不少音乐方面的书籍。大学期间甚至花了一年的时间在阿拉伯音乐学院系统学习了弹奏竖琴以及谱曲的基础知识和技能。他对音乐的酷爱体现在他婚后的生活中,当女儿出生之后,他毫不犹豫地以埃及著名的女歌唱家、阿拉伯世界的歌后乌姆·库勒苏姆的名字为自己的女儿命名。

1930年,马哈福兹进入开罗大学学习哲学,获得了哲学学士的学位,毕业后继续深造,攻读硕士研究生,对哲学研究表现出了浓厚的兴趣。在当时的著名学者阿卜杜·拉兹格的指导下,他选择了与文学比较接近的美学作为论文的选题,集中研究伊斯兰哲学中的美学主题,完成了毕业论文《伊斯兰美学》。

马哈福兹的职业生涯应该说是很丰富的。大学毕业之后,他在开罗大学的校务处当书记员。1938年,马哈福兹进入埃及宗教基金部工作,长期担任政府公务员,后担任过办公室主任,这段时间里,因

---

[①] 加利·舒克里:《马哈福兹70岁生日谈话》,载《繁星》周刊1981年12月22日、12月29日、1982年1月5日,转引自《大爱无边:埃及作家纳吉布·马哈福兹研究》第8页。

为工作的关系，他浸淫在伊斯兰文化的氛围中，并深受影响。

因忙于照顾自己的母亲、寡居的姐姐及其儿女，也因为马哈福兹不是专职作家，他的文学创作都是利用业余时间，常常非常忙碌，为了充分利用时间进行小说创作，马哈福兹很晚才结婚，直到1954年，他才同朋友的妻妹阿忒娅拉·易卜拉欣女士结婚，建立了家庭，那时他已经43岁了。按当下流行的说法，妻子是他的忠实读者，对他很崇拜，无微不至地照顾他，为他创造了一个舒适安静的环境，使他能够心无旁骛地进行文艺创作。婚后马哈福兹从来不请朋友来家里做客，不让夫人公开露面，不想让自己的家庭生活成为别人茶余饭后的谈资，因此外界很长时间都不知道他结婚的消息，颇受朋友们的微词。直到他结婚10年之后，因为女儿乌姆·库勒苏姆和一个女同学在学校吵架，诗人萨拉哈·杰欣从那位吵架女同学的父亲那里知道了马哈福兹的婚姻状况，这才在圈子里传播开来。

马哈福兹1955年调入埃及文化部工作，先后在艺术局和电影公司任职，后担任文化部顾问。在文化部工作期间，由于多数时间主管电影工作，他认识了很多电影界的人士，这为他的文艺创作打开了另外一扇大门。有一位导演读过马哈福兹的作品后，看到了马哈福兹的潜力，找到马哈福兹，想请他写作电影剧本。起初马哈福兹婉拒了导演的请求，表示没有兴趣，而且也不知道怎么写电影剧本。后来导演说："写剧本能改善你的经济状况。"导演的这句话打动了马哈福兹。长期担任公务员的马哈福兹，家里几口人的生活基本上就依靠他微薄的薪水，因此生活过得还是很拮据的。经过慎重考虑之后，马哈福兹答应了导演的请求，并且在那位导演的指导下渐渐找到了写作剧本的窍门，从此一发不可收。据统计，他本人创作的电影脚本或剧本共有24部。但他坚持不改编自己的小说，而由别人去改编，没承想改编自他的中长篇小说和短篇小说的影视作品数目更多，达到了35部。在笔者的知识范围内，在阿拉伯世界里文学作品被改编成影视作品最多的非马哈福兹莫属。

1971年退休后，马哈福兹被《金字塔报》聘为专职作家，他在金字塔集团大楼里的办公室与当时著名的作家伊赫桑·阿卜杜·库杜斯、陶菲格·哈基姆的办公室毗邻，相比之下，阿卜杜·库杜斯的办公室很大，还有两个女秘书协助处理文稿，但马哈福兹的办公室很小，而且一个秘书都没有。但他丝毫没有计较，而是默默耕耘、笔耕不辍，写出一本又一本的小说来。

辛勤的笔耕和傲人的文学成就终于受到了瑞典科学院的关注。1988年，诺贝尔文学奖评奖委员会决定将当年度的奖项授予纳吉布·马哈福兹。消息传到开罗后，埃及举国欢腾，人们走上街头游行，欢庆这一文化盛事。

非常遗憾的是，"乐极生悲"，马哈福兹获得诺贝尔文学奖的喜事之后没几年，他就遭遇了人生中最不幸的一件事情，即1994年的一天，马哈福兹从外面回到家时，遭遇到一次意外的刺杀，差点命丧尼罗河畔，当时他83岁。刺杀事件的起因就在于他的作品《我们街区的孩子们》。有人认为他在这一部作品中亵渎了伊斯兰教和诸位先知，视之为"叛教"和"伪信"，"罪当诛"。在当时宗教极端思想盛行的环境下,马哈福兹遭遇了这样一场无妄之灾,令人唏嘘不已。其实在马哈福兹获得诺贝尔文学奖以后,就有一些作家和文化界人士提出给这部作品解禁,在埃及正式出版,但因为种种原因,久久未能实现。在他遇刺之后,这一话题又重新浮出水面,但是马哈福兹本人却坚持必须得到爱资哈尔长老的许可,自己才会答应出版。一直拖到2006年——马哈福兹去世的那一年,有一个爱资哈尔的长老写了一篇批判性的前言,附在小说文本之前,《我们街区的孩子们》才正式在马哈福兹的祖国埃及得见天日。

# PART 2

## 马哈福兹代表作导读

## 从《新开罗》到《梅达格胡同》：
## 埃及城市中产阶级的悲剧

从《新开罗》开始，马哈福兹进入了现实主义小说的创作阶段，并接连出版了《始与末》《梅达格胡同》和《尊敬的阁下》等多部现实主义小说。《新开罗》出版于1945年，是马哈福兹的第一部现实主义小说。有评论者称，正是这部小说把马哈福兹送进了世界文坛。小说是以20世纪30年代埃及没落王朝的统治者在英国殖民者的淫威下走进社会转型的时代为背景的。因此1966年小说拍成电影时，为了更直接地体现时代的背景，更名为《30年代的开罗》。

马哈福兹创作的一系列现实主义小说，非常艺术地表现了当时的埃及社会的动荡、腐败和堕落。马哈福兹本人认为这正是作家的

职责所在。他在接受埃及评论家拉贾·纳卡什访谈时说:

> 世界上的一切"文学",都来源于愤怒与批判;真正的文学,就是对于生活与社会永远的批判。狄更斯的小说是对上个世纪英国社会的猛烈批判,甚至可以说是谴责。我阅读陀思妥耶夫斯基作品的时候,看到的是俄国社会的黑暗景象。美国文学大多也都是对美国社会的直率而激烈的批判。从古埃及至今,文学的基本职能,就一直是成为批判社会的锐眼,表现对消极面的愤怒,追求更美好的未来。真正的文学家通常都有一个幻想中的理想之邦,他描述它,沉醉其中,并试图通过批判现实社会而在文学中抵达那个理想之邦。①

马哈福兹在他的现实主义小说中践行着自己批判社会现实的理念,揭露埃及社会的阶层分化与贫富悬殊、卖官鬻爵、裙带关系、政治混乱、道德沦丧、人性堕落、营私舞弊、新旧矛盾和思想分歧等各种社会问题和阴暗面。这些现象在他的《新开罗》中基本上都有所体现。

《新开罗》叙述了一个出身开罗中产阶级家庭的大学生马赫朱卜·阿卜杜·达伊姆为了生存,甘愿娶高官的情妇为妻,与高官共享妻子,最终身败名裂的故事。马赫朱卜的好友马蒙·里德旺公开宣扬伊斯兰教,

---

① 纳吉布·马哈福兹:《自传的回声》,薛庆国译,光明时报出版社,2001年,第112页。

阿里·塔哈公开宣称自己信仰社会主义和信仰自由，而马赫朱卜所信仰的哲学则藐视一切，"他是个贫穷的，不讲道德的青年，在前进的道路上，他时刻在窥测时机，只待时机一到，便以极大的勇气猛扑上去，抓住不放。"[1]还有一位学生兼记者的艾哈迈德·巴迪尔，他们四个人是同一个大学里关系紧密的同学，常常在一起谈论埃及的社会、文化、宪法、政治等各种问题。比如说他们讨论电影对于真正的文化和高雅艺术的威胁是什么？戏剧的复兴应该归功于优素福·沃哈布还是归功于法特梅·鲁什迪？开罗大学的创建主要应归功于谁？1923年的宪法会恢复吗？是国王还是已故的华夫脱党领袖柴鲁尔[2]？埃及青年团体的成员是一些忠于自己思想与信仰的人，还是一批为了自身利益不择手段的阴谋家？法鲁克王子是按他父王的旨意去意大利留学，还是按英国人的想法去英国深造，对国家更有利？他们无所不谈，同学们各抒己见，众说纷纭。[3]这一情景的描述一方面显示了当时大学校园里的自由氛围，另一方面也慢慢显示出了同学之间不同的思想和信仰，从更深层次上反映了当时埃及人对于社会发展道路的选择与迷茫。

女主人公伊赫桑·舍哈泰是一位美丽的姑娘，正在同男主人公的朋友阿里·塔哈热恋中，但不久就和阿里·塔哈分手了。男主人公马赫朱卜即将毕业的时候，薪水微薄的父亲却瘫痪了，只能每个

---

[1] 纳吉布·马哈福兹：《新开罗》，冯左库译，华文出版社，2017年，第23页。
[2] 又译萨阿德·扎格卢勒。
[3] 参见《新开罗》，冯左库译，华文出版社，2017年，第54页。

月再给他1埃镑作为生活费,为了毕业后能有口饭吃,他四处托关系找工作,但处处碰壁,几乎走投无路的时候,昔日的老邻居、大臣卡塞姆·法赫米的办公室主任、秘书赛利姆·伊赫希迪给他提供了一个机会:可以到部长办公室来当大臣的私人秘书,但条件是要跟大臣的情妇结婚,为大臣打掩护,还要接受大臣时不时来家里同他的新婚妻子约会。经过激烈的思想斗争,几乎无路可走的马赫朱卜接受了这个令人恶心的条件。订婚之日,他发现即将成为他的新娘子的大臣情妇竟然是好友阿里·塔哈的前女友——伊赫桑·舍哈泰。

男女主人公走到了一起,最为根本的原因还是贫穷。马赫朱卜在父亲瘫痪之后,家庭收入锐减,只好搬到一个条件很差的地方,饱尝了生活的艰辛。以前条件好的时候,他还能花点小费请保姆打扫房间,但是现在除了学习,还要自己打扫房间,自己擦桌子、整理床铺,自己洗手帕、袜子和汗衫。那些在别人看来微不足道的必需品,他费尽心机都不知道怎么才能搞到。更要命的是,他还要夜以继日地受到饥饿的折磨,往常欢乐的白昼现在因为饥肠辘辘而变成漫长难熬的一天,有些日子,他一天只能吃一顿饭,从街上买张大饼来充饥,吃点最便宜的焖蚕豆来凑合应付自己的肠胃。饥饿的折磨使他的身体日渐消瘦,脸色越发苍白。朋友们以为他换宿舍,是为了跟女人鬼混,哪知道他一个人孤苦伶仃,饱受饥饿之苦。[①]越来越临近毕业的时间,对他来说最重要的是找到一份能使他有大饼

---

[①] 参见《新开罗》,冯左库译,华文出版社,2017年,第55页。

吃的工作，以免被饿死。如果他找不到一份工作，那么饥饿将不仅威胁他自己，还将威胁他的父母，因为父亲丢掉工作以后家里的积蓄也所剩无几。他并不怜悯他的双亲，只是怕他俩找他的麻烦。怎么办？他确实没有门路，而没有门路，是进不了政府机关的。

女主人公的堕落也一样是因为贫穷的家庭。"伊赫桑·舍哈泰强烈地感到这样两个事实：她的美丽和贫穷。她姿色出众，学生公寓里的房客无不为她倾倒，一起把贪婪的目光投向那栋破旧小公寓的阳台，拜倒在这位美丽、高傲的姑娘脚下。然而，她的家里竟没有一面能照出她的花容月貌的镜子。她有七个弟弟，一家人的生活来源只有那一米见方，绝大多数顾客还是大学生的小烟铺。她总是担心贫穷和营养不良会毁了她的容貌，事实上，若不是出嫁前曾在穆罕默德·阿里大街上当歌妓的母亲常给她开小灶，她的身体早已消瘦了。那个被医学院的一位诗人赞美为像两把叮当作响的汤匙的屁股也早已萎缩了。"[1]

结婚之后的新生活究竟意味着什么呢？是幸福还是不幸？马赫朱卜并不指望伊赫桑会把自己看作一个名副其实的丈夫，他觉得伊赫桑心里一定把他看作是一个没用的人，就像他本人也不把伊赫桑当作一个名副其实的妻子看待一样。在他的心里，伊赫桑正像妓女一样，和妓女结为夫妻会幸福吗？这就是他的问题所在。马赫朱卜并不希望他们的夫妻生活具有某种社会意义，也不想从中捞到什么

---

[1] 参见《新开罗》，冯左库译，华文出版社，2017年，第16~17页。

好处，互相尊重更不可能，他只希望两人能交流彼此的想法，互相满足。在他看来，结婚只是一种手段而非目的，他渴望一种没有猜忌的爱情，让欲望像流水一样，任其自然，没有不安，没有苦恼，没有忧愁。[①]然而，他们俩的贪欲根本不可能让他们感到幸福。为了更优裕的生活，为了继续向上爬，他们努力融进权贵的社交圈。参加各种聚会、各种活动是需要花钱的，这让他们依然感到经济上的拮据。马赫朱卜甚至分毫都没有支持一下陷入困顿生活中的父母，还想方设法躲着他们。他们夫妻俩都是贫困和贪心的牺牲品，毁在同一个坏蛋手中，他们多么需要精诚团结、互相合作呀。他俩都在理智地排忧解愁，尽力消除内心的痛苦，有时候只能借酒浇愁，借着三杯两盏薄酒来麻醉自己。[②]

相比之下，那些有权有势有钱的人却过着花天酒地的生活，与穷人的捉襟见肘形成强烈的反差。马赫朱卜的富亲戚哈姆迪斯贝克[③]家位于豪华富人区扎马利克岛，别墅外的大街"两旁巨树参天，枝丫交错，路面上树影斑驳"，豪华的别墅让他眼花缭乱，"他走进一间摆着豪华家具的大房间，他从未光顾过这样的别墅，更不用说进这样的客厅了。他扫视了一眼客厅，目光中显示出惊讶、赞叹和伤感的神情。他从旁边的一扇窗户朝外望去，看见花园的一角，那里芬芳四溢，美

---

[①]《新开罗》，冯左库译，华文出版社，2017年，第148页。
[②]《新开罗》，冯左库译，华文出版社，2017年，第152页。
[③] 贝克是来自土耳其语的外来词，是对有钱有权者的一种尊称。

不胜收。"而在盲人协会之家举办的晚会，淋漓尽致地描绘了有钱人家灯红酒绿、纸醉金迷、醉生梦死的生活。男男女女走进盲人协会之家的大厅。男士一个个西装革履，擦亮了皮鞋，梳好了头发，刮好了胡子，神采奕奕。女人们身穿华丽的服装，佩戴着贵重的首饰，空气中弥漫着香水的芳香。一张张漂亮的脸蛋和那些闪闪发光的胸脯，裸露着的后背和高高隆起的乳房，看得马赫朱卜热血沸腾。那些华服、贵饰，只要一件就够开罗大学学生一年的开销了。舞台上的节目一个接着一个。一会儿有人唱起举世闻名的法国歌曲，一会儿又演出莫里哀的名剧《吝啬鬼》中的一段戏。舞会开始的时候是意大利的乐队演奏舞曲，来为大家伴奏。人们或翩翩起舞，或觥筹交错。舞伴们胸贴着胸，胳膊搂着腰肢，马赫朱卜还偶然看见舞池中一个隆起的乳房，那乳头几乎穿透白色透明的连衣裙，让他热血沸腾。最后的选美活动把晚会推向高潮，舞台上出现了一群姑娘，她们都是从贵族小姐中挑选出来的。她们身穿漂亮的法老时代的服装，翩翩起舞，优美的舞姿宛如一幅迷人的画卷，细腻的表演令观众如醉如痴。选美活动比赛的结果让马赫朱卜异常惊讶，被选出的美女皇后正是活动开始之前他的记者朋友告诉他的名字。

显然，这是一场舞弊的选美。但是，在马哈福兹看来，作弊的现象在当时的埃及社会无处不在。马赫朱卜的记者朋友不无讽刺地道："挑选职员有人作弊，投标有人作弊，证券交易有人作弊，授予荣誉称号和勋章也有人作弊，连选举都有人作弊，选美女皇后为什么不能作弊呢？"

社会上不仅存在普遍的作弊现象，还有着严重的裙带关系："政府是有钱人的政府,他们全是一家子。部长们任命自己的亲属当次长,次长们选择自己的亲戚任局长,局长们再提拔自己的亲戚当处长,处长们又从亲戚中挑选职员,甚至公务员也都是大户人家的仆人。因此政府成了一家人的政府,或是由若干家庭组成的一个家族的政府。这样的政府,事实上一旦人民的利益同它的利益发生冲突,就会不惜牺牲人民的利益。"在马赫朱卜四处求职的时候,图书馆人事部门的职员开门见山地对他说:"听着孩子,忘掉你的学历吧。在要求雇用时,不要以此讨价还价,简单地说,就是有人给你介绍工作吗?你是某一个有权势的人的亲戚吗?你能向某国家要人的千金小姐求婚吗?如果你的回答是肯定的,那我就预先恭喜你,如果你的回答是否定的,那你就另寻出路吧。"

　　有关系的人千方百计地利用裙带关系,而没有关系的人就只能花钱去谋求某种利益。想要进政府机关,想要当官,更是如此,因为还有人在卖官鬻爵,有些官职干脆明码标价。马赫朱卜向伊赫希迪求助找工作的时候,伊赫希迪告诉他,要想进内政部就得找赫赫有名的实业家阿卜杜勒·阿齐兹贝克,但是,凡是通过这位实业家找到工作的人要把工作头两年的工资的一半交出来给他;而想要进铁路部门、国防部和一些大机关,则要找著名歌唱家杜拉特小姐,价钱是摆在明面上的:八级职员 30 埃镑,七级职员 40 埃镑,六级职员 100 埃镑,并且要当场付清。

　　但本来就一贫如洗、两手空空的马赫朱卜哪里找这么多钱去买官?所以,他万般无奈之下,答应了伊赫希迪去娶大官的情妇,以换取部长秘书的职位六级的待遇。在面临着是否选择为贝克老爷当挡箭牌这件事的时候,马赫朱卜的思想还是很矛盾的,有过激烈的斗争。值得为秘书的职位六级的待遇做出牺牲吗?他感到自己的尊严受到伤害了吗?他相信人们所说的尊严吗?"去他的吧。"他用最后这句话概括了所有一切。他心里想,应该毫不犹豫地做出选择,犹豫不决就意味着他还不是自己信仰的人生哲学的信徒。经过思想的斗争,他用"去他的吧"来为自己做出决定。因为他想起了那些饥饿的夜晚,想起了早已吃腻的焖蚕豆,想起了自己在开罗大街上像乞丐一样四处碰壁的生活。他想最充分地享受社会生活的快乐,想把所有的人夸大的社会生活的假象神圣化。他对这种生活的向往日益迫切,以此掩饰他生活中那些荒诞离奇的东西。他想要的是他的亲戚哈姆迪斯那样的生活,想要过在盲人协会那里参加活动的那些达官贵人的生活,而不是过在开罗大街上像乞丐一样的生活。

在这样一个世界上,难道他会饿死吗?这个问题看来好像古怪离奇。他自嘲地笑了笑,挑战似的说:"我会饿死吗?果真如此的话,那天就会滴水不落,滴水不落!"一个敢于砸碎一切枷锁的人,怎么能饿死呢?一个不相信良心、贞洁、宗教、爱国主义和美德的人怎么能饿死呢?在这个世界上,一个无耻之徒会忍饥挨饿吗?难道只有那些享受人间荣华富贵的人才可以抱怨吗?如果在金字塔报的广告那里刊登这样一则广告:本人今年24岁,文科学士,一个卑贱的事都肯干,只要能满足个人的愿望,心甘情愿地牺牲自己的尊严、贞操和良心的人。大人物们会不会拼命抢他呢？可谁来给他刊登这则广告呢？谁肯要他呢？找同学，找老师，找哈姆迪斯贝克都徒劳无益。（《新开罗》，第86~87页）

因此，他别无选择，只能走赛利姆·伊赫希迪给他指出的道路：当一个"挡箭牌丈夫"，以换取六级职员的待遇。

尽管马赫朱卜偶尔会想到道德的问题。其实这也是当时的社会里很多人考虑的问题。马赫朱卜的朋友阿里·塔哈也曾经考虑过道德的问题：道德准则是他面临的一个难以逾越的障碍，搞不好会坠入万丈深渊！……他以往的道德观念是建立在宗教的基础之上，那么今天又该建立在什么基础之上呢？除安拉之外，靠什么才能保持住道德的价值呢？难道就像他以往鄙视信仰一样鄙视道德准则然后再无拘无束、随心所欲地投身于生活的激流中去吗？逻辑是清楚的，结局是必然的。（《新开罗》，第19页）他信仰人类社会和人类科学，认为无神论者和信士们一样，只要他们愿意，而且意志允许，便可以有自己的原则和理想。他还认为，人的本质中，善良比宗教更加根深蒂固，正是人类这种善良的本性创立了宗教，不像他原先想象的那样，以为是宗教创造了道德。他自言自语道："过去我信教，却无头脑，如今我有了理智，就不再迷信了。"于是，他心安理得，浑身充满热情和力量，开始了对理想的追求，并醉心于改革。他幻想着人间天堂，他研究了社会学的各种学派，得意洋洋地自封为社会主义者！……最后，他的思想终于完成了从麦加到莫斯科的旅行。

有一天，他竟想动员几个好友也信仰社会主义，但没有成功……他认为，伊斯兰教也包含一些合理的社会主义思想，比如施舍，如能认真执行，便可保障社会公正，而不损害人们吸取斗争力量的本能。如果你要在世界上建立一种制度，在这种制度下，人们相亲相爱、平等幸福地生活……不管怎样，阿里·塔哈找到了生活的目标，摆脱了彷徨、混乱和堕落，他完全可以高高兴兴地自我介绍说，请看我的名片，它无须任何说明，我是个穷人，又是个社会主义者；是个无神论者，又是个贵族。（《新开罗》，第 20 页）

在道德上的选择，导致了马赫朱卜和他的几个朋友不同的生活道路。他的朋友们尽管也像他一样是中产阶级家庭出身，也并不富有，但是他们都有自己的理想，有自己的道德准则，有自己的底线，因此在毕业后都有了自己的生活轨迹。贫穷是导致马赫朱卜人生道路的一个因素，但他的贪欲和道德无底线也是重要的原因。他和伊赫桑结婚后，为了追求奢华的生活，完全抛弃了比他境况更悲惨的父母和家人，当他的恩人伊赫希迪请求他帮助保住办公室主任职位的时候，他断然拒绝了，这直接导致后来内阁辞职、大臣倒台以后伊赫希迪对他的报复，父亲和大臣的妻子同时找到他家里，在他家里发现了大臣雪藏的情妇，大臣妻子大吵大闹，导致大臣的丑闻直接爆发，马赫朱卜也因此受牵连，最终被调到埃及边境毗邻苏丹的阿斯旺地区从事艰苦的工作。

马赫朱卜的几位朋友在讨论他的最后结局的时候对他深表同情，认为是畸形的社会导致了马赫朱卜的悲惨命运。阿里·塔哈说：多少信士恰恰是卑鄙小人。事实并不像你认为的那样。我们这位不幸的朋友是被人猎取的野兽，别忘了社会对他的罪行应负的责任，成百上千的信士们为了自己的幸福，不惜让千百万人受苦受难，他们的罪行与我们不幸的朋友的罪行相比，有过之而无不及。当今的社会怂恿人们行凶作恶，然而被保护的只是那些强有力的罪犯，被惩罚的只是那些软弱无能的罪犯。（《新开罗》，第 232 页）

《新开罗》最后结局的部分，马赫朱卜的三个同学和朋友聚在一起谈论他的事情，他们意味深长地交换了一下目光，好像在问，明天我们会怎么样呢？其实这也正是作家马哈福兹本人想要问的：大家的命运会是怎么样的？埃及这个国家、这个民族的命运会怎么样？每个人的命运都会是什么样？这些问题引人深思。

《新开罗》所反映的埃及现实和社会问题，也是其他几部现实主义小说的共同主题。中长篇小说《雨中情》以战争的背景反衬埃及社会的腐败、堕落现象。该书于 1973 年出版，而写作的过程正是阿拉伯人在 1967 年六月战争失败后处于最初的惊愕与沉痛之中，马哈福兹以作家的良知反思战争失利的原因，发现老百姓的腐败与堕落也是造成阿拉伯人战败的重要原因之一。小说的题名寓含着深刻的思考，"雨"所指涉的是六五战争的枪林弹雨，"情"则既指以受伤战士伊卜拉欣为代表的埃及青年所追求的纯洁、真挚的美好爱情，也指另一类人在前方战士浴血奋战的情况下仍然沉湎于酒色、追逐于欢场、行淫荡堕落之"情事"。故事的主人公侯斯尼·希贾兹作为一名摄影师，利用自身的方便条件，在战火纷飞的年代为自己精心构筑了一个"安乐窝"，以卑鄙、恶劣的手段，通过向女学生放映色情电影，糟蹋了许多本来纯洁无瑕的年轻姑娘。

当人们谈论战争的时候，侯斯尼·希贾兹道貌岸然地颂扬战争的英雄，唱起高调来脸不红、心不跳，仿佛他是个真正的爱国主义者，但实际上他的内心却为自己的消遣欢娱受到战争的影响而诅咒它，希望能够躲进小楼自成一统。

……说着，侯斯尼又专心去吸他的烟了。心想，这一夜待在这里，失去了惯有的清静，忧伤里掺杂着笑声。失败是痛苦的，脑子里会反复想着失败的后果，却无法抹掉。巍峨的高山倒塌了，离奇的梦幻破灭了。只有想到平安无事的人总是平安无事的，这才觉得宽心。烟从嘴和鼻子里喷出来。他自忖：在哪儿能找个没人老提战争的地方？①

在马哈福兹看来，更为可怕的是侯斯尼·希贾兹的糜烂行为还不只是个别现象，而是在社会上普遍存在的：电影导演穆罕默德·里什旺利用自己的职务之便勾引女演员；年轻的姑娘穆娜为了当上女演员，不惜闹出丑闻；著名的女演员费特娜在寻找机会，去诱惑下一个男人和自己上床；失恋的青年在俱乐部喝得烂醉，招来妓女释放自己的肉欲；"有能耐的人"想办法去了国外，出国变成一种时髦；平民百姓无端地背上恶名，并锒铛入狱；有钱的女老板莎美蕾·沃

---

① 马哈福兹：《雨中情》，蒋和平译，文化艺术出版社，1991年，第35页。以下所引该作品的内容均以此版本为准。

吉迪不仅是个严重性变态的女同性恋者,还组织淫荡的男女群奸群宿,她控制着一群女孩子,"和她们一道去男男女女的家里过夜,寻欢作乐,却不要钱"(《雨中情》,第106页)……人们禁不住要感叹世风日下,人心不古:女人在大街上光着身子,坐过牢的犯人当上政府的职员,因贩毒而进过几十次监狱的人竟然无耻地说:"贩毒和搞政治一样,也没什么不光彩的。"(《雨中情》,第144~145页)病态的社会正如那变态女老板的讥讽之词所说的:"纯真的时代已经和反动派、封建主义、帝国主义一起消失了。"(《雨中情》,第106页)在这样的病态社会中,人们迷失了生活的方向,像侯斯尼·希贾兹一样,搞不清自己的位置。

……侯斯尼心里第三次思忖开了:生活要求我们的太难了。软弱与强壮、愚昧与理智、温柔与粗鲁、无知与科学、丑陋与美丽、冤屈与正义、奴役与自由,这一切之中,我处在什么地位?没有适合工作的热情与场所,也没有多少年可活了。可是,我爱你,埃及,假如你有时发现,我在爱你的同时也贪恋这总干蠢事的余生的话,那请你原谅我吧!(《雨中情》,第78页)

马哈福兹在《雨中情》这部小说中"更多是采用暴露的手法",[1]通过对社会丑恶现象的描绘,表达自己的爱情希冀,以战火纷飞的

---

[1] 参见杨孝柏:《雨中情》中译本前言,文化艺术出版社,1991年8月。

场面和淫荡堕落的世俗图景这两种迥然反差的画面，来揭示埃及当时的社会现实，唤起埃及人民心中的良知。①但是，在西方读者／评论家的眼里，作品所表现出的阿拉伯人的淫荡、性变态、无序的政治运作、漠然麻木的民众，正好符合了他们对他者化东方的想象。

纳吉布·马哈福兹从始至终都把自己的创作与社会紧密地联系在一起，考察社会中发生的各种现象和出现的各种问题。这一点，从他创作的初期就开始明显地体现了出来。在他的青年时代，埃及社会处在殖民主义者和本国黑暗势力的双重压迫下，社会动荡不安，人民生活困苦艰难。对于社会上层的黑暗、腐朽与丑恶，马哈福兹从一开始就在自己的作品中不遗余力地予以揭露。

如果说他在最初的三部长篇小说中以浪漫主义手法隐喻性地表达了对统治者的不满，那么他在随后一个时期的短篇小说中则是以现实主义手法直接对社会不公正现象进行批判。埃及的文艺批评家艾哈迈德·海卡尔（曾任埃及文化部部长）对此评价颇高："事实上，由于这些抨击帕夏、贝克和王公大臣的小说，纳吉布·马哈福兹被认为是对旧时代的腐败表示愤怒谴责的革命文学先驱之一。同时，由于他在小说中体现了阶级社会的弊端，表明对穷人和劳动人民的同情和对封建主、资本家的抨击，他被认为是在现代埃及文学中最早为社会主义现实主义铺路的人之一。"②

---

① 小说初版时的封面设计，即由这样两幅反差十分鲜明的画面剪接而成。
② [埃]艾哈迈德·海卡尔：《埃及小说与戏剧文学》，迈阿里夫出版社，1971年，第103-104页。

1930—1940年间,埃及发生了严重的经济危机,社会各阶层均受其苦。中产阶级则首当其冲,在政府部门工作的普通职员们那点微薄的工资也面临被切断的威胁。大量的失业使人们的生活陷入窘境。对此,纳吉布·马哈福兹深有感受,创作了一系列现实主义的小说来加以揭露。长篇小说《新开罗》(1945)、《汗·哈里里市场》(1947)、《梅达格胡同》(1947)、《始与末》(1949)和《宫间街》三部曲都是他对当时埃及社会现实的真实呈现。他发现在强大的外部压力下,人们面临着生存的紧迫问题,由此产生了一系列的社会悲剧。于是,他在自己的这些作品中,刻画了各种悲剧性的形象。

马哈福兹描写的悲剧性形象首先是那些想方设法往上爬的人。尤其是许多出身中产阶级的年轻人,他们的心中既怀有对未来前途的忧虑,同时也充满了野心,经常试着要爬向社会的更高层。在《始与末》中,主人公侯斯奈尼像《新开罗》中的马赫朱卜一样,渴望脱离自己所生活的那个阶层,向上层社会迈进,但没有多少现成的物质条件帮他实现自己的愿望。于是,全家人的努力都为了帮助实现他的目标。一个兄弟为了帮助养家而过早地放弃了学业,另一个兄弟为了挣钱而走上了贩毒的道路,而收入微薄、当裁缝的姐姐只能以出卖肉体换来的钱来为弟弟的军官梦买单。在军校学习的侯斯奈尼为了达成与上流社会的联姻,不惜甩掉青梅竹马的恋人,当他在去上层社会的道路上越来越接近目标时,却突然发现自己的姐姐已变成一个妓女,他的大哥因贩毒而受到被逮捕的威胁。一切真相大白,他的梦想破灭了,只好饮恨自杀。

如前所述，《新开罗》的主人公马赫朱卜·阿卜杜·达伊姆也是这种类型的悲剧性人物。他和怀了孕的大臣情妇结婚，为之遮丑，以此换取大臣秘书的职位，并希望借此机会往上爬。但他始终未能挤进上层社会，反而落得身败名裂的可悲下场。

马哈福兹颇有力度地描绘了这类典型人物：他们缺乏机会、缺乏物质基础。在痛苦的竞争中，他们不付出高昂的代价便无法向前迈进一步，只有踩着别人的尸体，或在不断丧失一切的情况下才能往前走。作者通过这些试图往上爬的人物群像描绘了个人的悲剧，同时也揭示了整个社会的堕落。作家所处的社会对于那些不惜以任何代价换取成功的人来说才有价值，但他们付出的代价往往是身败名裂，甚至是姐妹、妻子的贞操，得到的却是没有原则、没有道德的肮脏生活。

这种堕落的悲剧往往与另一种可以称之为"经济弱势"的悲剧联系在一起。当一个人在经济上很困难的时候，便容易屈从于比自己经济实力强的人。《梅达格胡同》的女主人公哈米黛便是这样的一个悲剧形象。她是一个普通的女孩，美丽而温柔，但是生活极端贫困。深爱着她的年轻小伙子阿巴斯·侯勒维同样穷得难以自保。为了挣钱娶妻，阿巴斯只好离开自己的心上人，去苏伊士运河同英国占领军一起工作。在他离开期间，哈米黛成了有钱人的猎物，沦为一个出卖肉体的廉价舞女。那个把她带上邪路的男人有钱，但对她没有感情可言；而她的心上人阿巴斯对她有感情，却没有钱去满足她的物质欲望。

这不只是哈米黛的故事，而是任何一个社会中无法正常获得生活机会的人都难以摆脱的悲剧。有人认为哈米黛不单纯只是一个普通女性的形象,而是整个埃及的象征。她的悲剧就是埃及的悲剧。从某种程度上讲,这种说法是有一定道理的。《梅达格胡同》的故事发生的年代,正值二次世界大战期间。马哈福兹很可能以哈米黛象征当时埃及的悲剧,象征埃及的弱势与堕落。哈米黛因极端贫困而堕落,埃及也同样由于经济崩溃而受到英国人的控制,从而影响了埃及的国家命运。据说当年曾有一位世界领导人这样描述:"埃及已经准备好出卖、再出卖,出卖任何东西,出卖所有的一切。"①这部小说中,作者极其艺术地通过个体的遭遇,剖析了整个社会的悲剧。

马哈福兹还描述了另一种类型的悲剧,即知识分子的悲剧。这些知识分子生活于一种极端矛盾的状态中,这种矛盾直接导致了他们的悲剧。由于有较高的文化修养,他们对现实有着清醒的认识,因而拒斥普通老百姓所秉持的传统价值观,但他们又无力以他们的思想去改变现状,结果是他们游离于传统的生活之外,渐渐与现实相隔离,深深地陷入自我的情感世界和思想之中,备受寂寞、孤独、枯燥、烦扰的煎熬。

《汗·哈里里市场》中的艾哈迈德·阿基夫就是典型的知识分子形象。为养家糊口和支持弟弟上学,他过早地辍学就业,并忍痛割断初恋的情丝。后来他暗恋上邻家姑娘,不料又被自家兄弟捷足先登。他只好躲进自己的情感角落,痛苦地以自我牺牲的精神来安

---

① 引自拉贾·纳卡什:《论纳吉布·马哈福兹之爱》,舒鲁格出版社,1995 年第 1 版,第 77 页。

慰自己。他勤勤恳恳地工作了20年，却仍只是一个八等文官，终于认识到高官与荣耀不过是欺诈与荒谬的顶点，便默默地忍受不公正的待遇，虽然不满于自己的现状，却也不去奋力抗争。

三部曲中的凯马勒也是类似的知识分子典型。他是属于在东西方文化撞击中迷惘困惑的一代。新思想与旧观念、传统价值观与西方现代思潮同时并存于他的头脑中，但他无法将它们理清。他崇拜一位很摩登的、接受过西方教育的贵族小姐，热烈地爱上了她，但阶级的差异使他对婚姻的期待仅成了一个美丽的梦。他由此体悟了现实的严酷性，从而把自己锁闭在书籍与撰写文章这样一个脱离了现实与社会的空间里，以宣传新思想聊以自慰。

凯马勒与艾哈迈德·阿基夫一样，属于没有归属感的知识分子群体，在经受了感情的创伤之后，便渐渐地失去了与现实的联系，在孤寂中彷徨、徘徊。他们的悲剧在于他们有文化、有知识、能思考，对事物有着清醒的认识，然而却不能以其所获取的知识去做点什么，也无法以自己的文化素养来获得内心的平静。

马哈福兹透过埃及20世纪30年代末、40年代初的重重灾难，看到了生活中的种种悲剧。他从社会的层面看到了生活中充满着贫困、愚昧、奴役、暴力和野蛮等许多人为的悲剧，并试图找到解决这些悲剧的道路和方法。在他看来，"这是一些可以解决的悲剧，因为我们在解决悲剧的过程中创造了文明与进步。这种进步甚至可以减轻悲剧的根本性灾难并战胜之。那么，解决社会悲剧或许可以最终解决或减轻存在的悲剧。不管怎么说，它赋予生命以意义，使我们值得为之活下去。"①

从社会的悲剧尤其是知识分子的悲剧中,马哈福兹又看到了存在的危机和悲剧。他认为,"既然生命的终结是束手无策与死亡,那么,它就是一种悲剧。这种悲剧无论是令人伤心哭泣的,还是令人开颜欢笑的,终究是一种悲剧,甚至对于那些视生命为走向来世之通途的人来说也一样……如果我们把生命作为存在来思考,它便被掠夺了一切,只剩下存在与虚无。"②

马哈福兹清醒地认识到,介于出生与死亡之间的这段短暂的时间里,人类常为疾病、饥饿和面包而挥洒泪水,为知识、愚昧和种族问题而黯然神伤。从开始到结束,从出生到死亡,人始终无法理解他们存在的秘密。那是一种无可解析的荒诞的东西。在法鲁格·穆阿忒看来,这样一种悲剧,是开端的悲剧;而后人类又无法抗拒在他们的生命旅程中随时都会将其消灭掉的可怕的大怪物——死亡,这是结局的悲剧。存在的荒诞性与无可避免的宿命两个各具特色的方面共同构成一个完整的悲剧。

马哈福兹笔下的那些悲剧性人物都是在命运的驱役下朝命运预设的方向行进,根本无法抗拒命运的安排,摆脱不了命运的嘲弄。在他的作品中,这种命运并非完全神秘不可解的东西,而是活生生

---

① 纳吉布·马哈福兹:《我和你们谈》,转引自法鲁格·穆阿忒:《介于小说与叙述文学之间的纳吉布·马哈福兹》(《诗人与文学家的旗帜》丛书),贝鲁特学术著作出版社,1994年第1版,第25页。
② 同上。

的外部现实的力量。它使作品中的人物无法控制自己的未来和结局，除了继续往前走之外，别无选择，基本上失去了行动的自由。如《梅达格胡同》的男女主人公阿巴斯和哈米黛所等候的便是一种无可逃避的命运。"尽管他们内心整齐有序，不知伤心忧虑为何物，但现实本身把他们引向灾难与毁灭。"[1]男女主人公起初都处于一种平静祥和、自然的氛围中，然而外部社会以其强大的腐蚀力和瓦解力把他们拉出"梅达格胡同"，拉到了外面的世界，并逐渐把他们引向那个注定的结局，走向毁灭与死亡。《汗·哈里里市场》《新开罗》《始与末》和《宫间街》三部曲中所描述的悲剧也基本上是这种逻辑：社会现实把悲剧引向必然。

总体上看，马哈福兹是乐观的而非悲观的，但对于存在悲剧的基本构成——荒诞和宿命，他曾多次指出，那是不容乐观的。因为以科学与人类理智的本性是无法理解存在的秘密的，它完全超出了科学实践的区域，最终越出唯物方法的知识范围而归入形而上学的范畴。尽管如此，作家回过头来，反而从这一绝望中吸取想象的力量，使人类在开端与结局之间、在荒诞与宿命之间生存下去。作家对于狰狞的存在悲剧的反应，是小心翼翼地在其人性范畴内将社会悲剧消解掉。如前所述，马哈福兹执着地肯定：我们的悲剧是我们理解不了悲剧的各个层面。命运并不宽限其钳制人类呼吸的时间，所以，我们如果从社会的层面去理解悲剧，就应该赶快将它消解掉，使我们的存在获得一种意义。

---

[1] Raja An-niqaash, Fi Hubb Najeeb Mahfuz, Dar Ash-shuruuq, 2011, p.96.

# 开罗三部曲：传统与现代的冲突

如果只选马哈福兹的一部代表作，那么阿拉伯评论界比较公认的大概就是开罗三部曲了。世纪之交，埃及作协组织评选百部 20 世纪最佳阿拉伯小说，马哈福兹的开罗三部曲毫无争议地被排在了头把交椅，稳居第一。很多阿拉伯文网站在阿拉伯小说最佳小说排行榜也都把开罗三部曲排在第一。它包括《宫间街》《思宫街》和《甘露街》三部小说，说它是一部皇皇巨著实不为过。原本马哈福兹就是把它们作为一部小说写的，但是篇幅太长了，总共 1500 多页，做成一本书实在太难了，于是被编辑一分为三，成了三部曲，由于故事发生的地点都在开罗，反映的主要也是开罗地区老百姓的生活，连"宫间街""思宫街""甘露街"这三条街道的名称也是开罗的杰马利耶区的真实地名，所以人们将其称为开罗三部曲。这部作品最重要的主题就是传统与现代的冲突，反映了两次世界大战期间埃及社会的风云变幻，显示了马哈福兹成熟、高超的小说艺术。

## 传统与现代的冲突

马哈福兹以写实的手法向我们呈现埃及社会的变化。三部曲中，第一代的子女中只有男孩子才能去上学，女孩子是没有机会上学的，只能天天在家里做家务，甚至都不能随便出门，而到了后来，慢慢社会风气变了，女孩子们也有机会去学校接受教育，可以自由地走出家门。第一代子女的婚姻都是由家长艾哈迈德做主，甚至当二儿子法赫米看中邻居穆罕默德·拉德旺家的女儿玛丽娅，请母亲去跟父亲商量到邻居家提亲时，父亲首先想到的不是儿子长大了，需要成家立业，而是首先想到儿子的失德，质疑儿子怎么会知道邻家的姑娘，因为传统的社会风俗是不允许青年男女私自接触的。在当时的埃及社会和其他阿拉伯地区，人们遵循的传统是两性隔离的制度、深闺制度，是男女授受不亲。但法赫米受到现代的教育，尽管他也知道婚姻需要"父母之命、媒妁之言"，但已经有了自主追求婚姻幸福的意识，希望能够娶自己喜欢的姑娘，而不是完全由父母做主，遵从父母之命去娶一个自己从来就没有谋面的、完全不了解的女性。在这里，传统的婚姻观念和自由恋爱、自由婚姻的现代新理念产生了激烈的撞击。

这种传统与现实的冲突表现在家庭内部最为明显，它在作品中呈现为封建家长制下男权对女性的压迫、父权对子女的压制，但妇女的顺从与子女的屈服都随着时间的推移而渐渐发生变化。无论是男人还是女人，老人还是孩子，都在时代的大背景下发生思想观念和行为方式的转变。《宫间街》的开篇部分就描述了女主人公艾米娜作为传统的埃及女性，表现出类似中国古代"三从四德"式的"贤妻良母"形象：午夜时分，很多人都已经沉浸在深沉的睡眠中，但女主人公艾米娜却习惯性地醒来，从床上下来，去伺候在外寻欢作乐归来的男人。"在这一时刻唤醒她的习惯，是一种早已养成的习惯。她刚步入青年时，这习惯便伴随着她。如今她已进入中年，它依然占据着她的心。这习惯，是她从夫妻生活的礼数中领会并形成的：

半夜时醒来,等候着丈夫,待他宵夜归来时,为他服务,伺候他上床。为了克服温暖被窝的诱惑,她毫不犹豫地坐起身来。"(《宫间街》,第1页)女主人公不仅这样伺候她的丈夫,而且也尽心尽力地照顾家里所有的孩子,包括丈夫与前妻生的孩子。

而男主人公艾哈迈德·贾瓦德的身上则充分体现了一个封建家长式的人物在家庭里的权威和无可撼动的家主地位,无论对妻子还是对孩子,他都不假辞色,态度严厉,动不动就呵斥、训责,甚至对孩子动辄打骂,犹如家常便饭。孩子们对他也是唯唯诺诺,不敢有丝毫忤逆,更不敢反抗。在妻子的面前,他要充分行使他的"夫权";在孩子们的面前,他要行使他的"父权"。妻子和儿女的一切言行都要遵从他的意志,服从他的命令。

但随着时间的推移,时代的变迁,家庭内部也慢慢发生变化,父亲作为家长的权威慢慢在变弱,代表新生势力的孩子们成长之后不再事事都盲从于父亲的命令。更重要的是,马哈福兹还让我们看到了社会思想的变化,以及社会的多元化发展,不仅有代表世俗主义的人物,也有宗教人物,还有代表社会主义的人物,他们都在探索民族与国家发展的道路,都在追求自己所向往的真理。

三部曲主人公艾哈迈德与其前妻海妮娅的离婚也是传统与现代冲突的一个典型例子。海妮娅是一个女人味十足的大美人,很有吸引力,两人刚结婚的时候生活是美满的,但是过了几个月就开始产生裂痕,原因就在于丈夫在家人面前拥有说一不二的权威,不容有任何的质疑,而前妻不像当时其他的女人一样臣服于男人的绝对权威,对丈夫的权威意志产生了一点反抗,她认为自己应该拥有一定的自由,最起码要允许她不时回娘家看望自己的父亲,但就是这一点最基本的权利都没有得到满足。艾哈迈德对于妻子的反抗非常愤怒,于是使用各种方法想要让妻子驯服,从一开始的呵斥谩骂,发展到后来的动手痛打。但海妮娅不是一个传统的女人,她选择了继续反抗,逃回娘家去。在这种情况下,艾哈迈德没有选择妥协,"傲慢得不可一世的丈夫气昏了头,认为教训她,让她恢复理智的最好办法,就是暂时把她休了,装出一副若无其事的样子。过几天、几个星期,满以为她的亲人中会有人出面说和,但谁也没有来敲他家的门,他的傲气受到了践踏,只得派人去摸情况,准备言归于好。哪知派去的人回来说,对方欢迎和解,但有个条件:不准限制她的行动和随意打骂!他一直期待着不附带任何条件的和解,这个回答让他怒不可遏,心里发誓永不和她复婚。就这样,他俩劳燕分飞。"(陈中耀译本《两宫间》,第102页)在当时的社会环境下,这就是传统夫权与现代自由、女性权利之间出现冲突的结果。

马哈福兹站在客观的角度来观察当时的传统与现代的冲突,一方面他很赞赏艾哈迈德续娶的妻子艾米娜所代表的作为贤妻良母的传统女性,另一方面,他也提出了现代新观念和新女性对于传统的挑战。尽管从小说的情节发展来看,作家安排艾米娜的幸福生活和前妻后来一嫁再嫁,屡遭失败婚姻的情节,可以看出马哈福兹对传统婚姻的立场,但是他能客观呈现这种冲突,表现了他作为一个作家和思想家的巨大勇气和敏锐观察力。

在三部曲中贯穿始终的传统与现代的冲突是宗教和世俗这两种社会思潮的此消彼长。作为统治阿拉伯人主要思想的伊斯兰教精神原先是艾哈迈德家族也是整个埃及社会的主流，但自从拿破仑在18世纪末攻占开罗以后，伊斯兰传统也同时被撕开了一个裂口，西方文化的影响在所难免，埃及社会越来越多地受到世俗主义的影响。

在三部曲中，无论是作为家长的艾哈迈德·阿卜杜·贾瓦德，还是下一辈的亚辛和凯马勒，他们的行为都在世俗主义的影响下表现出了宗教信仰的削弱，甚至越过伊斯兰教的警戒线，不同程度地陷入灯红酒绿的诱惑。伊斯兰教禁止喝酒的禁令在他们的身上不再起作用了，父子三人还都不同程度地深陷于"歌女"（实为妓女）的销金窟中无法自拔。尽管宗教信仰被削弱，但是小说中的埃及人总体上还是保持着对伊斯兰教的信仰，甚至像艾哈迈德这样经常在欢笑场里徜徉的人也还遵守着基本的伊斯兰教义务——做礼拜，把斋，缴纳天课，而对于大多数的埃及人来说，他们依然相信信仰的力量，就像小说中的一个人物、艾哈迈德的外孙阿卜杜·蒙伊姆所在小学的校长阿里·姆努菲所坚信的："我们与真主在一起，真主与我们在一起，我们还畏惧什么呢？大地上的士兵，哪一个有你们这样的威力？哪一个有你们这样强大的武器？英国人、法国人、德国人和意大利人依靠的都是物质文明，而你们依靠的则是真诚的信仰。信仰可以攻克钢铁。信仰是世界上最强大的力量，只要你们纯洁的心里充满了信仰，世界就一定是你们的。"（陈中耀译本《怡心园》，第70页）

校长强调信仰的力量，他说："每个有力量的人都有信仰，他们信仰祖国和利益，而信仰真主则是高于一切的信仰。换句话说，信仰真主者一定会比信仰现实生活的人更有力量。我们穆斯林既然有深藏的宝库，那就应该把它挖掘出来……"（陈中耀译本《怡心园》，第70页）面对校长的慷慨陈词，同为艾哈迈德家族成员的两个孙辈却表现出不同的分野，阿卜杜·蒙伊姆深表赞同，而他的弟弟（孙辈同名）艾哈迈德却嗤之以鼻，发出嘲讽的冷笑，对"激情分子"表示反感，甚至感到愤怒。

当然，三部曲中的传统与现代的冲突不只是体现在宗教和世俗的冲突上，还表现在政治生活和社会生活的方方面面。政治方面，封建王朝和英国殖民势力竭尽全力维护统治者的利益，而普通百姓在知识阶层和政坛进步力量的引导下逐渐觉醒，爱国、民主、自由、平等的意识越来越高涨，在一定程度上推动政治与社会的改革，甚至通过发动政治运动和革命来推动社会的变革。在社会生活层面，以艾哈迈德·阿卜杜·贾瓦德为代表的父权、夫权和神权极力维护传统社会制度，而以青年为代表的进步力量则努力予以反抗，双方力量此消彼长，一点一点地取得社会的进步。比如，作为封建家长的艾哈迈德·阿卜杜·贾瓦德不仅在家庭生活中力图控制家庭成员的一切活动，特别是在儿女选择学习和就业方向上强加自己的意志，以权势和财富的获得为主要目标，而不是以孩子的兴趣、爱好和理想为导向，但到后来也只能慢慢放松对儿女的控制，对孩子们做出妥协；在儿女的婚姻方面一开始也主要考虑门当户对和向上跨越阶层，控制儿女的恋爱自由和婚姻自由，全面干预他们的感情、恋爱和婚姻，但到后来也一样在新一代的抗争中逐渐放松对他们婚姻的全面话语权，使得青年一代能够在一定程度上拥有自主恋爱和自主婚姻的权利。大儿子亚辛不顾家长的反对，娶了出身风尘的姑娘；小儿子因为深爱的"女神"另嫁他人，爱情破灭，面对家长和家庭的压力，坚持选择独身主义；第三代的艾哈迈德在家长不同意的情况下，干脆私自同出身工人家庭的苏珊偷偷结婚。

在艾哈迈德的子女中，三个儿子都有机会去上学，但是两个女儿阿依莎和海迪洁都像其他当年的女性一样没有机会去接受教育，而到了第三代子孙成长的年代，阿依莎的女儿纳伊曼已经走进了学校，尽管还不能像男孩子们一样接受完整的初等教育和高等教育，但也小学毕业了，成为一个有知识的姑娘，显示出了时代的进步，女性的生存状况已经有了巨大的改善。

### 时代的风云变幻与宏大叙事

开罗三部曲描述艾哈迈德·贾瓦德一家三代人的故事基本上是应用了私人叙事，描述一家人的日常生活，但是马哈福兹的高妙之处就在于他不仅能够很好地应用私人性话语来叙述一家三代人的各种琐事，而且他还善于在进行私人叙事的同时，不露痕迹地融入宏大叙事，让读者领略时代的风云变幻，感受到国家、社会和民族的命运。他并没有长篇累牍地叙述国家发展过程中发生的许多重大事件，但就在家庭生活的茶余饭后的闲聊中体现出了国家大事对于普通人的影响。

我们从三部曲的字里行间常常能看到英国殖民主义者对埃及的剥削和压迫，英国殖民者派驻埃及军队的横行霸道，埃及封建王朝的式微、王室的无能为力，华夫脱党的爱国政治，普通民众反对殖民统治的爱国行动……这方面的描写让读者和评论家看到马哈福兹对于宏大叙事的轻松驾驭。

三部曲对于英国殖民主义者在埃及的种种劣行的揭露有时候很直接，有时候又采取间接的方式。比如艾哈迈德在和妻子艾米娜谈家事的时候，告诉妻子已经委托几个熟悉的商人为家里购买需要储备的黄油、小麦和奶酪，借机便抨击三年来使世界遭难的战争引起了物价飞涨和日用品匮乏，而一提到战争，艾哈迈德就像往常一样诅咒那些澳大利亚士兵。作为外国读者，看到这个情节会感到诧异，因为众所周知，在埃及殖民的是英国人，怎么又提到了澳大利亚士兵？跟澳大利亚又有什么关系？但对于埃及人来说，他们非常清楚那一段屈辱的历史：1914年12月，埃及沦为英国的"保护国"，埃及人民从此遭到封建王室和英国殖民者的双重压迫，而英国在成为埃及的保护国之后，不仅派出自己的军队到埃及，还从英联邦国家澳大利亚征用了大批士兵到埃及服兵役，协助统治埃及。这些被征用的澳大利亚士兵的确也为虎作伥，协助英国殖民者欺压埃及老百姓，按照小说主人公艾哈迈德的说法，这些澳大利亚士兵"像蝗虫似的遍布开罗，到处胡作非为"（陈中耀译本《两宫间》，第23页），这些士兵在大街上公开抢劫，随意侮辱、迫害当地人，常常以欺负埃及老百姓为乐。艾哈迈德痛骂澳大利亚士兵，一方面是痛恨他们对埃及老百姓的欺侮，另一方面也是因为这些澳大利亚士兵以势压人，让他无法到艾兹贝基亚区的娱乐场所去寻欢作乐。马哈福兹在这里非常巧妙地借助对艾哈迈德这个人物形象的塑造，描述他道貌岸然的一面，但同时也道出了殖民者及其帮凶的恶行。

三部曲中描写了小儿子法赫米参加爱国示威游行活动而被射杀的情节，其背景便是震惊世界的1919年的埃及反英起义。1919年3月，埃及首都开罗突然爆发了一场规模空前的人民起义。成千上万的大学生、教师和其他知识分子成为这场如火如荼的爱国运动的重要力量，他们手执国旗、小旗和横幅，振臂高呼"埃及是埃及人的埃及"等口号，勇敢地走上街头，带动了很多饱受殖民压迫痛苦的工人、农民也纷纷加入游行队伍，强烈抗议英国殖民者的残酷统治，于是，形成了学生罢课、教师罢教、工人罢工、商人罢市的爱国运动的局面。这种局面令英国殖民者惊恐万状，他们派出警察、宪兵，进行武装镇压，但开罗人民并没有被吓破胆，相反地，这激起了他们反抗的勇气，在街头筑街垒、设路障，针锋相对，手持棍棒、石块，与殖民者展开了英勇的搏斗。英国殖民统治当局悍然开枪射杀群众，造成三千名手无寸铁的埃及人死亡，其中包括手执国旗的儿童。美丽的开罗一时腥风血雨，陷入恐怖之中。尽管法赫米只是小说中的一个虚构的人物，但他的爱国举动无疑是当时埃及人民走上街头反对英国殖民统治的一个缩影。

小说中涉及的埃及社会重大事件不仅仅有1919年的反英起义。

我们细读文本，可以发现在小说设定的背景时间内，那一段时间埃及发生的几乎所有大事都有所涉及。第一次世界大战爆发后，英国于1914年12月18日单方面宣布埃及为其保护国，取消奥斯曼帝国对埃及的宗主权，废黜阿巴斯二世（1892~1914年在位），立侯赛因·卡米勒为埃及苏丹。一战爆发后，埃及工人、农民、学生、民族资产阶级和其他爱国人士在华夫脱党的领导下，开展了全国性的反对英国统治、争取民族独立的运动。以柴鲁尔（中文译本中多根据阿拉伯文发音译为扎格卢勒）为代表的华夫脱党尽管是代表地主、资产阶级利益的政党，但因该党主张撤销英国保护，实现埃及独立，得到广大人民的拥护。1918年3月8日，英国统治当局逮捕柴鲁尔等爱国人士，开罗和全国许多城市为此举行了声势浩大的罢工、罢课、罢教、罢市和游行示威，在埃及群众运动的巨大压力下，英国统治当局不得不释放柴鲁尔等人。但1921年底，英国统治当局再次逮捕柴鲁尔等人，埃及又一次爆发了轰轰烈烈的反英斗争。英国被迫于1922年2月28日承认埃及独立，但仍保留其四项特权。1923年4月11日，埃及颁布宪法，规定埃及为君主立宪制国家，拥立前苏丹福阿德一世为国王，通过大选，柴鲁尔上台，担任首相，他力图通过谈判取消英国在埃及保留的四项特权，但英国拒不让步，于同年11月借机迫使柴鲁尔下台。此后直到1935年，在英国暗中操纵下，埃及内阁更迭十余次，议会屡被解散，宪法一度被废除。两次世界大战之间这些在埃及发生的大事几乎都在三部曲的文本中有所体现，通过街谈巷议，青年朋友聚会讨论，家庭成员内部交流等情节安排，凸显了广大埃及人民对于政治的关心和参与。

比如艾哈迈德在家里向妻子艾米娜询问自己的小儿子凯马勒的情况，猛然感觉到国家处于多事之秋，可能会发生一些事情，就向妻子说起外面发生的事情。他好像自言自语地提到凯马勒丁·侯赛因是个高尚的人，拒绝了在英国的保护下继承已故父王的王位。艾米娜头天知道老国王侯赛因·卡米勒已经逝世，但还是第一次听说太子的名字，艾米娜作为家庭妇女，整天待在家里，对于外面世界发生的事情知之甚少，仅仅知道丈夫和儿子们从外面带回来的信息。夫妻之间这种简单的信息沟通，并不能反映当时国家大事的全貌，但对于埃及的读者来说，一下子就能想起当年历史上发生的大事。夫妻俩在这里谈到的便是1917年发生的事情（陈中耀译本《两宫街》，第23页）。1805~1952年，穆罕默德·阿里家族统治埃及，1914年上台的侯赛因·卡米勒是穆罕默德·阿里的曾孙，于1917年病故，按照当时埃及王室的继承法，应由长子即艾哈迈德夫妻俩谈到的凯马勒丁·侯赛因继位，但是英国人要他接受英国的"保护"，他不愿意在这种屈辱的形势下当英国殖民者的傀儡，拒绝登上王位。英国殖民者趁机把老国王的另外一个儿子艾哈迈德·福阿德接回埃及，继任埃及国王，一直执政到1936年。

在描述时代的风云变幻过程中，我们注意到马哈福兹在三部曲中向读者呈现的是一个多元的社会。随着时间的推移、时代的变迁，从传统的阿拉伯-伊斯兰文化为主体的埃及社会慢慢发生改变，人们的思想发生了变化，各种新的思潮被引进埃及社会和阿拉伯世界，慢慢被人们所接受，进而影响人们的行为模式，渐渐形成新的社会形态。

《新人》杂志的主编阿德里·克里姆便是科学主义和理性主义的代表人物，他向艾哈迈德（孙辈）宣传科学的思想，认为科学是现代生活的基础，当代埃及人应该学习科学，掌握科学的理性思维，他强调20世纪的人不应该对科学无知，因为科学不再是科学家的事，而是所有知识分子的事，科学家们从事科学工作，深入研究，有所发明创造，而每一个知识分子都应该用科学之光来照亮自己，要相信科学的原则和方法，具有科学的风格。他甚至主张科学应该代替旧世界里的宗教和祭司。显然马哈福兹也是这种思想的积极拥趸，重视科学也是他后来创作的《我们街区的孩子们》所要表现的重要思想和主题。

在三部曲的第三部《甘露街》（又译《怡心园》）中，凯马勒成为一名教师，潜心研究学问，特别是醉心于西方的哲学思想，他每天学习柏格森的名著《宗教与道德的根源》，研究斯宾诺莎的"存在一体性"，赞赏叔本华战胜欲望的理念，体味莱布尼茨哲学中对恶的诠释，还关心达尔文的进化论和罗素的逻辑哲学，苦苦地追寻真理，每个月都在《思想》杂志上发表文章，表达自己学习西方哲学的心得体会。我们由此看到，传统的宗教思想和宗教禁忌已经不能像以往那样紧紧地束缚住青年一代的思想。

尽管在第二代和第三代人当中出现了多元的思想，但是整个大家族在民族主义和爱国主义方面则是一致的。凯马勒在家庭聚会中听到青年一代的交流和争论，不禁想起了自己在成长过程中发生的变化："这些人的话激起了凯马勒的回忆，想到当初自己也是一名虔诚的穆斯林，他的双唇上不由得泛出微笑，感到自己这个矛盾重重的个人世界好像空空如也。领袖站在讲台上开始发表演说。他声音洪亮，讲得明明白白，每句话都深入人心，讲了整整两个小时。最后，他慷慨激昂地号召大家起来革命。群众的激情达到了沸点，大家站在椅子上，发疯般地高呼口号。凯马勒的热情并不亚于他们，口号喊得一样响。他已忘记了自己是名教师，应该摆出师道尊严的架子。他仿佛感到自己回到了那个他一再听说、却因年龄太小未能参加的光荣岁月里。当年的演讲也是如此振奋人心吗？那时人们也是如此群情激奋地听演讲的吗？难道正因为如此他们才视死如归吗？不容置疑，法赫米就是采取了这样的立场，然后才洒下了热血！他到底变成了不朽还是消失了呢？老是像他这样疑神疑鬼的人可能舍生忘死吗？好像爱国主义同爱情一样，是一种我们即使不相信也得盲目服从的力量！"（陈中耀译本《怡心园》，第30页）

马哈福兹借助凯马勒这一人物的口表达了自己对于爱国和革命的观点："人民永远需要用革命来抗击那股埋伏在他们复兴之路中的浊流。民族需要周期性的革命，它犹如抵抗恶性疾病的防疫针，独裁专制却是难以根除的痼疾。就这样，参加爱国主义节日使他成功地更新了自我。"（陈中耀译本《怡心园》，第29~30页）这种观点跟马哈福兹后来在《平民史诗》和《我们街区的孩子们》中所表达的思想是一脉相承的，即社会需要不断进行变革，甚至进行革命。

阿卜杜·蒙伊姆严格遵循伊斯兰教的教规，青春萌动时与喜欢的女孩交往，但内心却备受煎熬，因为这是不符合教规的行为，他很快主动与心仪的女孩断交，并主动向父母提出要结婚，一切完全听从父母的安排，对父母为他挑选的对象完全接受。他留着标志性的大胡子，平时经常邀请一些像他一样热衷于宗教的同道者在他的房间里聚会，讨论伊斯兰教的信仰，还四处布道，宣讲自己的宗教主张。

艾哈迈德（阿卜杜·蒙伊姆的兄弟，与老家长同名）则信仰共产主义。在当时的共产主义者看来，共产主义是科学，而宗教是神话，共产主义可以创造出一个没有种族、宗教纷争悲剧和阶级斗争的世界。（利雅得·格尔达斯语，陈中耀译本《怡心园》，第128页）艾哈迈德积极宣扬社会主义思想，向知识分子宣传说宗教是迷信，幽冥世界完全是麻醉剂和欺骗术，但是在向普通老百姓宣传这种思想的时候，他不仅遭到抵制，而且还被敌对阶层指控为叛教者。他经常到边远郊区的破房子去给工人们上课，他的妻子苏珊则常常在大街上向人们散发传单，宣传他们的社会主义思想，希望建立公平的社会。

即便是参加政治运动，青年人也有不同的选择，有的喜欢华夫脱党，有的喜欢祖国党，有的喜欢青年埃及党，有的喜欢自由立宪党，但无论他们喜欢哪个党派，参加哪个党派，尽管政治立场不同，但是大多数是爱国的，对政治充满了热情，希望能够通过自己参与政治，改变埃及社会，让埃及变得更美好。

## 成熟的小说艺术

诺贝尔文学奖评委会对马哈福兹的肯定性评价中很重要的一个方面就是马哈福兹掌握了成熟的小说艺术。

首先,马哈福兹有着非凡的叙事能力。马哈福兹在展开故事的过程中,线性时间的叙事有条不紊,与此同时,紧密地结合历时性叙事和共时性叙事。在这三部作品中,基本上每一部重点描写一代人的生活。《宫间街》主要描写的是主人公艾哈迈德·阿卜杜·贾瓦德夫妻和他们的孩子们的生活。男主人公是一位中产阶级商人,在开罗的街区拥有一家商铺,对妻儿要求严格,是一位封建家长式的人物。他的妻子艾米娜则是典型的贤妻良母型的家庭主妇,时时处处维护丈夫的权威,甚至对丈夫唯唯诺诺、逆来顺受,但她爱护儿女,对孩子们百般呵护。她恪守妇道,信仰虔诚,为了完成自己的心愿,趁丈夫出差的时机在儿子的陪同下,偷偷去清真寺,不料归途中被撞伤,被丈夫发现擅自出门,将其赶回娘家,后经多方劝解,才保住了夫妻关系,没被正式休妻。三个儿子慢慢长大成人,但各有各的个性,各有各的追求,前妻所生的大儿子亚欣庸庸碌碌,不求上进,满足于混日子,甚至和父亲争风吃醋,沦为街坊邻居的笑话;二儿子法赫米是个热血青年,积极参加1919年埃及的反英斗争,不幸在一次示威游行中中弹身亡,却也引起了全家人对殖民者的同仇敌忾,为他的牺牲而痛心不已;小儿子凯马勒年幼不谙世事,交友不慎,居然和英国兵交朋友,受到大家的鄙夷。三个儿子的不同生命轨迹实际上反映了当时埃及社会面对新的形势人们不同的生活态度。在这一部的末尾，凯马勒死去了，亚欣的儿子出生了，代表了生命和社会的更替。尽管马哈福兹并没有对凯马勒的爱国行为进行浓墨重彩的描写，但是作家把家庭的生活放在时代的大背景中，让读者看到了英国殖民主义者的压迫，也让读者看到当时埃及人的爱国主义精神。

在第二部《思宫街》中，艾哈迈德为了悼念牺牲的儿子，自动停止以前寻欢作乐的夜生活达五年之久。儿女长大，到了嫁娶的阶段，一对女儿嫁到贵族家庭，大女儿与婆婆争权，获得了独立持家的地位，但也常常闹得家里纷争不断，而小女儿则温柔贤惠，与婆婆和平相处。小儿子凯马勒中学毕业后并没有听从父亲的意见去学法律走仕途，而是自主选择了师范学校，立志当老师，传播知识和真理，进入大学以后接受新思想，放弃了儿时献身宗教的志向，而醉心于科学。凯马勒爱上贵族小姐，但是阶级的差别彻底击溃了他对爱情的热烈追求，便专心写文章宣传新思想，随着时间的流逝，他对自己的追求和信仰产生了怀疑，逐渐陷入迷茫之中。大儿子亚欣与父亲喜欢上同一个风尘女，为之争风吃醋，亚欣毅然娶风尘女为妻，终结了父子之间的争端，但父亲依然保持着家长的尊严。在这一部的结尾部分，民族英雄柴鲁尔去世，艾哈迈德家中又有新生的生命降临。

第三部《甘露街》中，二女儿的丈夫和儿子均不幸去世，她伤心地带着女儿回到娘家生活。作为大家长的艾哈迈德儿孙满堂，其乐融融。孙子里杜万借助贵族的势力当上了部长秘书，成为家族的支柱。外孙蒙伊姆进入法学院学习，成为狂热的穆斯林兄弟会成员，热衷于各种宗教活动；另一个外孙艾哈迈德（与老家长艾哈迈德同名）信仰社会主义思想，在杂志社工作后喜欢上出身工人之家的女同事苏珊，并冲破门第观念，结秦晋之好。兄弟俩以家为据点，宣传各自的主张，但都以异端之罪被捕入狱。在结尾处，老祖母艾米娜年老染病，危在旦夕，在为其准备后事的同时，家里又准备迎接一个小生命的诞生。三部作品演绎了生命的进程，有生有死，有喜有忧，家庭生活在社会发展进程中一一呈现。

其次，马哈福兹非常善于运用写实的手法，展开埃及世俗生活的长篇画卷。在开罗三部曲中表现的内容相当丰富，有中国学者评价："三部曲以其精细的写实手法描绘了贾瓦德与邵凯特两个家族几代人的错综关系，展现出埃及的人情风俗史。传统家庭及贵族家庭不同的家风和生活方式，长幼关系，婚丧嫁娶，衣着打扮，建筑布局，房间布置等等细节的描写，都充分显示三部曲确是一部百科全书式的作品。"①

在故事的开端马哈福兹描写了主人公家里的布置：

她摸着床腿和窗扇。来到了门边，打开了房门。于是，客厅灯架上煤油灯的微光潜入室内。她蹒跚着来到客厅，端起灯回到卧室，从玻璃灯罩的圆口上射出的灯光照到天棚上，映出了一个中间偏亮、四周稍暗摇曳不定的光圈。她把灯放到沙发对面的茶几上。室内在灯光

---

① 高慧勤、栾文华主编：《东方现代文学史》，海峡文艺出版社，1994年，第1438页。

照耀下变得清晰可见。房间呈四方形，很宽大，墙很高，几根并行的横梁托着天花板。室内的陈设很豪华，地上铺着波斯色拉子产的地毯，一张四根铜管做柱的大床摆放在室中央。还有大衣橱、长沙发，沙发背上罩着五颜六色、刺绣精美的小块毯子。(《宫间街》，第1页)

家居环境的详细描写让人很容易就能联想到那个时代埃及人生活的环境。马哈福兹对不同时代的家居环境的描写还能让我们感受到时代的变化和社会的变化。小说的故事开始部分所描写的家居环境与后来的时代就有很大的不同。马哈福兹在三部曲中对街道环境、家居布置、衣着打扮等方面的描写不是一成不变的，而是随着时代的变化而变化。

马哈福兹对家庭生活的描写也同样详尽，在第一部《宫间街》中，有一段家常生活的描述这样写道：

常有这样的事，在母亲端上食盆之前，父亲重视利用这短暂的时间，用锐利的目光审视着孩子们，只要发现有一点点不顺眼，哪怕是他们中谁的眼神稍有异样，或衣服上沾了污点，都会被他狠狠训斥一顿。又是，他会声色俱厉地问凯马勒："你洗过手了吗？"如果回答说洗了，他就会命令他："伸出来让我看看。"凯马勒咽了一口唾沫，战战兢兢地把两手摊开。父亲不仅不会夸儿子洗得干净，反而用威吓的口吻说道："如果你哪一次忘记饭前洗手，我就把你的双手剁掉，让你彻底轻松。"有时，他还会问法赫米："狗崽子好好复习功课了吗?"法赫米用不着思索就知道"狗崽子"指的是凯马勒。法赫米便回答说,他功课挺好。确实,凯马勒这孩子脑瓜灵活,也没有自恃聪明而不用功,出类拔萃的成绩足以证明这一点。然而,正是他的聪明常常惹得父亲生气。父亲只要求儿子们唯命是从,这对于把玩耍看得比吃饭还重要的孩子来说,是接受不了的。正因为如此,父亲针对法赫米的回答恼怒地说道:"礼貌要比学问更重要。"然后他又会盯着凯马勒,厉声说道:"听见没有?狗崽子!"(陈中耀,29~30页)

在人物的素描方面,我们也能感受到作家文笔的细腻,对细节的处理非常恰当。女主人公艾米娜"走到镜子前,看了一下自己的形象,发现咖啡色的头巾已从头发上脱落下来,并有些皱。栗色的头发也有几绺散落开来,并耷拉到前额上。于是她伸手将发扣解开,重新梳理一番,又从两边精心而仔细地扣好。她用两只手心摩挲了几下脸颊,仿佛要抹掉依然残留在脸上的睡意。她今年40岁,中等身材,看上去稍显瘦小。其实按她的身高,她还是很丰满匀称和细腻的。她的脸稍长,额头偏高,五官端正。两只美丽的小眼睛放射出蜜色的梦幻般的光芒。一只精巧的小鼻子,两只鼻孔稍微有些外翻,薄薄的两片嘴唇,下方一个尖下颏。浅褐色的脸庞,颧骨上镶着一颗又黑又亮的美人痣"。(《宫间街》,第1~2页)如此细腻的描绘给读者留下深刻的印象。

第三,马哈福兹往往能够"以小见大",通过一个家庭里发生的事情来反映大的社会背景和重大事件。贾瓦德一家人针对爱国主义的态度，实际上就反映了当时埃及民众对于爱国的种种不同的立场和观点。法赫米代表的是积极参与实际爱国行动的埃及人，他甚至不惜以身涉险，多次积极参加反对英国殖民者的游行示威活动，终于在一次游行活动中被子弹击中，为国家的独立自由献出了自己年轻而宝贵的生命；大儿子亚辛是在从众、随大流的情况下不经意间参加了爱国游行活动，因为单位里的很多职员都公开参加游行，于是他也跟着大家一起去游行，跟着大家一起走了很远的路，高声喊出爱国的口号，原先"事不关己、高高挂起"的亚辛经过了这一次游行活动之后似乎也改变了原先的态度："亚辛被汹涌的人流卷进奔腾咆哮的波涛之中，好像一片轻飘飘的树叶随波逐流。他几乎不能相信自己还会恢复理智，躲进平静的瞭望塔，用望远镜从容不迫、无动于衷地观望着各种事情。"（陈中耀译本《怡心园》）

每次提到战争，艾哈迈德就会诅咒那些澳大利亚士兵，因为他们像蝗虫似的遍布开罗的大街小巷，公开抢劫，为非作歹，胡作非为，随意欺负老百姓，不能不说艾哈迈德也是有爱国情感的，因为这些澳大利亚士兵是1914年埃及沦为英国的保护国以后，由英国从澳大利亚征募来埃及服役的，他们依仗着英国主子的势力，在开罗的街道上横冲直撞，仗势欺人，从而引起广大埃及人民的强烈反对和反抗，如前所述，这些澳大利亚士兵还常蛮横地阻止他去艾兹贝基亚区的娱乐场所寻欢作乐。马哈福兹在这里通过对艾哈迈德寻欢作乐受到阻碍的小事，反映了英国殖民者军队的蛮横霸道，却写得意趣盎然。

第四，在人物形象的塑造上，马哈福兹也表现出杰出的才能。

在开罗三部曲中,人物形象不是扁平化的,而是立体的。所有的人物在他的笔下从来不会是一个单纯的"好人"或"坏人",无论是主要人物,还是次要人物,或边缘人物,每一个人物都有着各自鲜明的性格特征,人物与人物之间有着极高的区分度,给读者留下深刻的印象。

作品的主人公,作为一家之长的艾哈迈德·贾瓦德,就是一个非常丰满的人物形象。在家庭内部,艾哈迈德·贾瓦德独断专行,说一不二,无论是对待妻子还是对待儿女,总是疾言厉色,以传统礼教严加管束家人,对孩子的过失,责骂都算是轻的,棍棒伺候是常有的事,等孩子们长大成人以后,他又继续管束他们的爱情和婚姻。他在家的时候,妻子、儿女们出于对他的敬畏,总是小心翼翼,不苟言笑,甚至噤若寒蝉;当他走出家门去上班的时候,家里的气氛马上就发生变化,变得轻松、欢乐、祥和。

但就是这样的一位令人敬畏甚至恐惧的父亲和丈夫,在社会上则判若两人。在外人看来,他既令人尊敬,又惹人喜爱,尤其是他风趣、幽默的话语,常常令人感到轻松愉快。他的朋友们和邻近店铺的商人们都非常乐于同他交往,有些人甚至每天一大早就到他店里,就是想听他讲一两个笑话,听了他的笑话以后,欢笑开颜,胃口大开。"他们喜欢和他在一起,哪怕是待一小会儿也好,这使他为自己的能言健谈而自豪。他的谈话不乏闪光的东西,这与他所获得的公共文化知识息息相关。但这不是来自教育。因为他只有初小水平。而是来自阅读报纸,来自于与社会名流官员和律师等精英的结交。他即席演说的才能,平易近人的品质,风趣诙谐的谈话,以及让他享有优裕生活的商人地位,都能使他平等地与社会精英们厮混在一起,从而更新了他有限的商人思维。而这些卓越超群的人给予他的爱、尊敬与优待,更使他为这思维自鸣得意。"(陈中耀译本《宫间街》,第35页。)有人夸奖他口才雄辩,他虽然感到骄傲,但并不因此而傲慢待人,相反地,他能够以谦逊的态度,与人进行平等的交往。所有与他有友好业务关系的人都尊敬他、喜爱他,这与他在家庭内部严肃、严厉的表现截然不同。

而作家在描述艾哈迈德作为一位穆斯林却常常枉顾伊斯兰教的宗教戒律和禁忌,花天酒地,寻欢作乐的一面的同时,又不惜笔墨去描绘他有时候表现出的对待宗教虔诚的另一面:

做礼拜时,他一脸虔诚的神色,完全与会见朋友时满脸春风的样子和面对家人时严肃冷峻的神情不同。这是一张两侧下垂的脸,松弛的脸庞因谄媚、讨好和祈求宽恕而变得温和,流露出对真主敬畏、热爱、乞求的神情。他做礼拜并不是机械地口中念念有词,身子站起又跪下,而是满怀深情地做。他做礼拜的热情,和他全身心沉湎于五光十色的生活享受时的热情如出一辙,就像他工作时忘却自己、交友时忠于情谊、谈情说爱时全身心投入、饮酒时一醉方休那样,不管干什么事,他都是一心一意的。就这样,做礼拜成了他灵魂的朝觐,使他神游天房。做完礼拜,他盘腿坐下,伸出双手,乞求真主保佑他,宽恕他,赐福给他的子女,保佑他生意兴隆。(陈中耀译本《宫间街》,第27页)

在对待家庭成员的态度上,作家充分表现了艾哈迈德作为一位封建式家长的严厉与严苛:"父亲在家时,孩子们要严格遵守规矩,稍有违反,就会遭到父亲的训斥,甚至挨打,尤其是小儿子没少挨揍。父亲在场的时候,孩子们都不敢抬头正视父亲,在饭桌上不仅不敢直视父亲,还不敢随便说话,孩子们之间也不敢交换眼色,开始吃的时候也不敢放开了吃,要等父亲吃完了,孩子们才能放松地吃。吃一顿早餐,对孩子们来说简直就是一次折磨。"(陈中耀译本《宫间街》,第29页)但是随着年岁的增长,作为家长的艾哈迈德对待妻子和儿女也逐渐表现出温和与慈祥。貌似矛盾的性格和行为却统一在这样一位人物的身上。

不仅艾哈迈德的形象是这样一个矛盾的统一体,对女主人公的描写同样塑造出她立体的形象。艾米娜和丈夫刚结婚后的头一年,有一次她曾经婉转地向丈夫宣称她反对他天天外出消夜。但是她的话还没有说完,丈夫便揪住她的耳朵粗声大嗓、斩钉截铁地对她说:"我是男人,令行禁止,一言九鼎,没你说三道四的分儿,你只有服从。再敢如此,小心惹我揍你!"从这次以及以后的教训中,她学会了忍气吞声。她确实服从了,而且一味的盲从,对他消夜一点反对的表示都没有,连背后也不再批评他,甚至相信,真正的大丈夫气概、独裁专制和贪夜不归,正是一个男人本质应有的特点。再后来,竟然变成只要是他做的事,令她高兴的也好,让她伤心的也罢,她都为他骄傲。无论如何,她都要做一个爱丈夫,服从丈夫,对丈夫逆来顺受的好妻子。她对自己的心甘情愿的服从从未后悔过。不管什么时候，一回忆起自己过去的生活，她总是感到幸福和愉快。即使恐惧与悲哀犹如虚幻的精灵一样出现在她面前。她也只有报以惋惜的一笑了。尽管丈夫有缺点，他生活四分之一世纪了吗？不正是通过这种共同的生活，她才有了这些被她视为心肝宝贝的孩子，有了一个洋溢着幸福愉快、吉祥如意的家庭，过上了甜蜜美满的生活吗？①艾米娜在这里完全表现出一个传统妇女的品格和道德，无条件地服从自己的男人，甚至到了盲从的地步。她知道丈夫的缺点，但只要是丈夫说的和做的，无论是对的还是错的，都不予反对。不管是当面，还是背后都不加以批评。但是随着时代的变化、社会的变化，男尊女卑的状况也发生了变化，丈夫和妻子都有所改变。后来的艾米娜也学会了反抗丈夫的意旨，她不顾丈夫不让她私自走出家门的禁令，趁着丈夫出差的机会，在小儿子的陪伴下去清真寺，去拜谒圣女陵墓。

在马哈福兹的笔下，每一个人物都有着鲜明的性格和特征，人物的外形外貌或胖或瘦，或高或矮；人物的性格或强或弱，都有着很大的区分度。他创造出来的人物各有特点，人物的言行举止符合他们各自的性格特点。

第五，马哈福兹还特别擅长心理描写。马哈福兹在三部曲中展现了他在心理描写方面高超的技巧。常常是用一大段一大段的心理描写，

---

① 译文根据杨乃贵译本，个别地方有改动，第3-4页。

烘托情节的发展，让人物形象变得更丰满，也让情节变得更吸引人。在描述陷入爱情的凯马勒时，马哈福兹这样呈现人物的心理："现在的他，心儿正在悸动，灵魂正在崇高与幸福的空际翱翔！！现在的他，正从高山之巅向世界鸟瞰，见到整个人间犹如仙境一般笼罩在晶莹剔透、壮丽辉煌的光环之中！！现在的他胸间正燃着炽烈的生命之火，陶醉在快乐与幸福之中！！现在的他，或者说直到现在的他，那爱的欢乐正伴随着痛苦的回忆，犹如回响伴随着声音，将他带回到过去。那时马拉小公共车载着他走在相同的街道上，而他的心却对爱情茫然无知。他能从情感、希望、恐惧与期待中得到什么呢？在恋爱之前，他只有宽泛的回忆，记不得有什么值得一提的生活，不懂得爱情的分量和价值，每当他感到痛苦时，他便渴望回忆。然而现在由于他强烈地感受到了爱的存在，而使回忆插上了神话的翅膀，在高高的天际飞翔，于是他开始以恋爱来记载自己的生活了。他常常说，这件事发生在恋爱之前，那件事发生在恋爱之后……"（杨乃贵译本《思宫街》，第 152 页）

凯马勒的贵族朋友侯赛因家破产之后，他同自己的同学，也是侯赛因的共同朋友易卜拉欣谈论侯赛因的父亲夏达德贝克因为交易失败而破产自杀后家庭的悲惨境况，心里不禁感慨万千，"多么这个多么那个，而凯马勒欲哭无泪，虽然泪珠依然在双眼里，但自从那个时刻后，他还没有掉过泪，尽管他的心悲痛得滴血。他是以悲伤的感情提起那些事的。这个消息使他受到强烈的震动，几乎将他身上现在的一切都抖落干净，露出他原来的那个人，那个真心实意地爱、确确实实痛苦的人。难道这是过去美梦的结局吗？破产和自杀！仿佛他注定要从这个家庭的兴衰中获得教训，从陨落的神灵的行为中得到教益！破产和自杀，阿依黛如果依靠丈夫的地位还能过上安逸的生活，那么她那女神的傲气会有什么变化？这种灾祸会将她的妹妹打入……"（陈中耀译本《怡心园》，第45页）侯赛因的妹妹阿依黛是凯马勒心仪的"女神"，是他深爱的对象，尽管阿依黛后来嫁给别人，也没有改变他对"女神"的感情，也正因如此，他对"女神"因父亲破产自杀后的可预见的未来产生了深深的同情。

"想想吧，阿依黛的家人过着贫困的生活，就像我们周围那些人的生活一样！布杜尔有哪一天穿过劣质的布袜？难道她出门也坐电车了？唉，干吗跟自己过不去呀？你今天太悲伤了！不管你的思想中对阶级和阶级差别怎么看，但是你从这个不幸的变故中，感到了可怕的毁灭。你不难听到那种从天上掉到地下的声音。无论如何，好在那种爱情没有剩下什么。就是呀，过去的爱情还剩下什么呢？虽然你嘴上说没有剩下什么。每当想起那个时代任何一首歌词，你的心就会有一种异常的怀念。尽管那些歌曲都是些陈词滥调。这意味着什么呢？但是且慢，它是对爱情的回忆，并不是爱情本身。在所有的情况下，尤其是在没有爱情的情况下，我们总是喜欢爱情的。而在此时此刻，我仿佛觉得自己沉沦在情欲的海洋中。这就是说，潜伏的疾病在人体突然衰弱之时就会散布毒素。有什么办法呢？只要有怀疑就会动摇一切真理，碰到爱情也会小心翼翼。这并不是因为有什么事超过怀疑，而是为了尊重悲伤的感情，维护过去的事实。"

(陈中耀译本《怡心园》,第45页)一方面,他为自己喜欢的姑娘家里遭遇重大变故而悲伤;另一方面,这也引发了他对命运无常的感叹。

马哈福兹的开罗三部曲以其深刻的思想和娴熟的小说艺术赢得了他在埃及文学史、阿拉伯文学史和世界文学史上的地位。无论是阿拉伯的评论家,还是世界文学的评论家,他们都认同纳吉布·马哈福兹作为阿拉伯文学一代宗师的地位无可争议。

# 《我们街区的孩子们》：
# 公平正义与社会秩序的重构

在当前阿拉伯社会动荡的局势下，重新阅读马哈福兹的作品给予我们另外一个迥然不同的视角，让我们重新认识到马哈福兹作品的价值。以往对马哈福兹作品的认识局限于他对埃及社会的批判，有的甚至误读马哈福兹的作品，认为他亵渎了伊斯兰教，还有人在马哈福兹年近耄耋之际还要将他置之死地而后快，但我们从当下的阿拉伯世界出发，重新审视马哈福兹那部颇富争议的作品《我们街区的孩子们》，发现作家早就在这部作品中对埃及发生剧烈变革做出了隐形的预言。他在《我们街区的孩子们》和其他同类的作品中向我们喻示了一个社会演变的规律：公平与正义才是维护社会稳定的不二法门，一旦社会失去公平与正义，则剧烈的变革乃至血腥革命的发生将成为必然。

## 世俗主义者与伊斯兰复古主义者的不同解读

阿拉伯评论界对于马哈福兹作品的解读基本上还是比较客观的，也大体上符合社会的语境。对人们公认的马哈福兹代表作开罗三部曲，无论是读者还是评论家，都基本认同马哈福兹所描述的埃及社会在 20 世纪上半叶的真实发展进程。当时的埃及大文豪塔哈·侯赛因的描述颇有代表性，认为马哈福兹描绘了艾哈迈德及其家族"所处的混乱的环境，描绘了悲伤有之、欢乐有之的大大小小各种不同的事件"。①如果从社会主义现实主义的角度审察，可以发现这部作品表现了20世纪上半叶埃及人民反帝爱国的民族斗争，也体现了新一代人在西方新思想的影响下不断向保守势力和封建传统发起冲击的过程。新与旧斗争的结果是，封建家长的绝对权威逐渐削弱，传统礼教与陈旧的价值观逐渐为新思想、新意识和新观念所代替。

但是对马哈福兹后期的代表作《我们街区的孩子们》的解读过程中却出现了偏激的观点。可以说，对《我们街区的孩子们》的解读出现了两极分化的局面，引起了极大的争议。解读这部作品的学者从其思想根源上可以分为两种，一种是秉承世俗主义思想的普通知识分子和读者，一种是接受了伊斯兰复古主义思想的宗教学者。

无论是世俗主义评论家的解读，还是伊斯兰复古主义倾向的学者的解析，都不否认马哈福兹在《我们街区的孩子们》中运用了象征主义的手法，至于所象征的内容是什么，则有着截然不同的解读结果。世俗主义的学者认为该小说用象征主义手法，以一个街区的创建者及其5代子孙的故事寓示了整个人类社会历史的演进过程，反映了人类在追求幸福和理想的过程中光明与黑暗、善与恶的斗争，说明知识与愚昧的斗争必然导致宗教时代向科学时代的过渡，因为"科学是现时代的宗教"。②我们看到世俗主义学者强调的是马哈福

---

① [埃及] 塔哈·侯赛因：《两宫街》，原载《我们的当代文学》，转引自加利·舒克里编：《纳吉布·马哈福兹：半个世纪的创作》，舒鲁格出版社，1989年，第59页。
② 乔治·托拉比虑：《纳吉布·马哈福兹象征主义之旅中的真主》，转引自穆罕默德·叶海亚、穆阿太兹·舒克里：《穿过纳吉布·马哈福兹的街区通往1988年度诺贝尔奖的道路》，开罗，乌玛出版社，1989年，第1页。

兹对于科学作用的思考。尤其是作品中的第五代子孙的代表人物阿拉法特被认为是科学的象征。阿拉法特为拯救人民而潜心研究"魔法"①，为消除长久以来积存在人们心中的迷惑、揭开老祖宗之谜，他潜入大房子，失手掐死了仆人，吓死了老祖宗。但是阿拉法特后来却得到大家的认同，人们认为他的魔法给大家带来了美好的生活。人们在他死后纪念他，甚至把他的名字排在其他几代子孙杰巴勒、里法阿和高西姆之前，把他当作一个空前绝后的人物。

但马哈福兹后来说明自己是同样重视宗教和科学的，认为科学和宗教应该成为伊斯兰社会两个不可或缺的支柱。在这部小说中，他试图借助宗教的途径进入人们的精神世界，以便在建立价值观念的过程中"将我们生活中最大的支柱替换成另一支柱"，走向通往文明世界的道路。埃及评论家加利·舒克里指出"纳吉布·马哈福兹试图用以替代旧支柱的新支柱便是科学。正因为如此，当《我们街区的孩子们》于1959年9月21日至12月25日间每天在《金字塔》报上连载时，引起埃及反动派的极大恐慌"。②

加利·舒克里在这里所说的埃及反动派便是指那些思想比较极端的具有伊斯兰复古主义倾向的学者和保守势力。正是他们把马哈福兹推上了亵渎宗教的审判台。他们认为《我们街区的孩子

---

① 这里的魔法实际上象征着科学。
② 加利·舒克里：《归属：纳吉布·马哈福兹文学研究》，今日消息报社1988年版（1964年第1版），第239页。

们》中的各代人分别象征人类始祖阿丹[1],宗教时代的摩西、耶稣、穆罕默德和现时代的科学与知识,认为该小说是"对大闪族的各种宗教进行编造"。[2]保守势力据此而将渎神的罪名加诸马哈福兹身上。

带有伊斯兰复古主义倾向的评论家详细地分析了小说的各种细节,从中找出马哈福兹"渎神"的证据。为了证明马哈福兹对伊斯兰教和诸位先知的亵渎,他们首先从小说的情节入手,将小说中的情节与宗教人物的事迹建立关联。他们认为老祖宗杰巴拉维在沙漠中创建了街区,是隐喻安拉(上帝)[3]创造了世界;第一代子孙伊德里斯(Idris)是(魔鬼)易卜利斯[4](Iblis)的谐音,而其兄弟艾德海姆(Adham)则是人类始祖阿丹(Adam)[5]的代名词。小说开头部分写到老祖宗杰巴拉维选择艾德海姆代替伊德里斯,被认为说的是真主(上帝)选择阿丹取代魔鬼一事,因为在《古兰经》中提到"我必须在大地上设置一个代理人"[6];而伊德里斯的抗辩之词"我和我的兄弟是良家妇女所生,而这个人只不过是黑女仆的儿子",则被拿来比附《古兰经》中魔鬼所说的话:"我比他高贵,你用火造我,

---

[1] 即《圣经》中的亚当。伊斯兰教承认犹太教和基督教的经典《旧约》和《新约》,但国内的伊斯兰学者将圣经人物的译名进行了另外的处理。
[2] Pirre Cachia, An Overview of Modern Arabic Literature, Edinburgh University Press, 1990, p.119.
[3] 在阿拉伯文中,安拉与上帝用的是同一个词,即Allah,真主是国内穆斯林为区别于其他的宗教而采用的译名。
[4] 又译易卜劣斯。
[5] 即《圣经》中的亚当。
[6]《古兰经》2:30,马坚译,中国社会科学出版社,2013年。

用泥造他"①；小说中，杰巴拉维说艾德海姆了解佃户的情况，知道他们中大部分人的名字，还能写会算，这一情节则被拿来比附《古兰经》中所说的"他将万物的名称，都教授阿丹，然后以万物昭示众天神"②；艾德海姆的妻子乌梅妹（Umaymah）这一名字也被拿来分析，认为它是阿拉伯文里母亲（Umm）一词的指小名词，暗指乌梅妹为人类的第一位母亲哈娃③；艾德海姆后来在妻子乌梅妹的怂恿下去偷看遗嘱而被双双逐出大房子，暗喻亚当和夏娃因偷吃禁果被赶出伊甸园。

第二代人杰巴勒则被看成是摩西（穆萨）的化身。他们首先从字义上分析"杰巴勒"一词：它在阿拉伯文中的意思是"山"，而摩西便是在西奈山上接受上帝（安拉）的启示的，说明两者之间是有联系的。有关杰巴勒的描写在这些读者和评论家看来也与摩西的故事有不少吻合之处。如杰巴勒住在耍蛇人巴尔基忒家里，帮助耍蛇人的两个女儿沙菲卡与赛伊达汲水，并且与沙菲卡结婚成家，这颇似摩西与牧羊父女的故事；杰巴勒带着妻子悄悄回到街区后，对大家讲述自己在黑暗的沙漠中听到老祖宗杰巴拉维的声音，则被认为可对应摩西接受上帝启示一事；杰巴勒施展从岳父那里学到的魔法，消除了恶头人放进哈姆丹家族各居所的毒蛇，则有着摩西用手杖与法老斗法的影子；哈姆丹家族在杰巴勒的带领下挖掘深坑，然后引诱恶头人及其手下人马落进陷阱，然后水淹土埋，予以歼灭，这情节颇似摩西率领以色列

---

① 《古兰经》38：36，马坚译，中国社会科学出版社，2013年。
② 《古兰经》2：31，马坚译，中国社会科学出版社，2013年。
③ 即《圣经》中的夏娃。

人出埃及时法老追兵被淹而以色列人奇迹般地安全渡海的神迹。

第三代人里法阿在这些学者看来是耶稣的象征。在里法阿的身上有不少耶稣的影子。他们指出小说中描述里法阿虽是木匠沙菲仪和妻子阿卜黛的儿子，却长得与传说中的老祖宗的相貌最为相似，由此联想到基督教徒相信耶稣乃上帝之子；里法阿主张非暴力，向说书人的妻子学魔法为穷苦人治病，驱除他们身上的邪魔秽气，由此认为马哈福兹是在暗示耶稣治愈麻风病、失明、瘫痪等治病和驱魔的神迹；里法阿不受妓女雅斯敏的诱惑，但为了解救她，舍却与头人的女儿定亲的机会而与她结婚，由此联想到耶稣与妓女的故事；里法阿还收留了四个改邪归正的人跟随他走四方，治病救人，由此情节联想到耶稣与十二门徒的故事；最后雅斯敏背叛他，向恶头人告发里法阿及其追随者的出逃计划，导致里法阿被抓住并被处死，由此联想到犹大的背叛致使耶稣被钉死在十字架上，等等。在这样的分析中，他们把作品中的人物形象与宗教人物画上了等号。

很显然，《我们街区的孩子们》具有象征意象与象征意义，这是由作品的内在规定性决定的。马哈福兹本人也承认小说人物的象征性，他说："我首先要承认，我为小说中人物取的名字，是与先知的名字平行的，我想把社会作为宇宙世界的反映，以宇宙世界的故事作为本地的外衣。"[①] 但究竟象征什么意义，读者的理解却出现

---

① 纳吉布·马哈福兹：《自传的回声》，薛庆国译，光明日报出版社，2001年，第150页。

了巨大的分野。对于世俗主义者来说，正像接受美学理论的建立者姚斯所说的那样："美学作品不以为人知的审美形式打破读者的期待，同时向读者提出宗教或国家认可的道路所无法回答的问题……它能冲破占统治地位的道德的禁区，为人们生活实践中出现的道德疑难提出新的解决方案。"[1]对马哈福兹小说的阅读和接受，赋予这些世俗主义读者对世界的一种全新感觉，从宗教和社会的束缚下解放出来，使他们既能顺着马哈福兹的视角看到人类社会发展的另一个侧面，看到谋求社会公正的艰难和科学知识的重要性，又使他们看到实现的可能性，为他们开辟新的愿望、新的要求和新的目标，为他们打开经验未来之途——科学的道路。

另一读者群的期待视野则恰恰相反。那些宗教思想浓厚的学者和读者所需要的正是要把正在走向世俗化的社会拉回固有宗教的轨道上去。因此，他们看到的便是作家亵渎神灵、反宗教的一面。马哈福兹"这种象征语言的缩微导致了对他的指控：轻视和嘲讽众先知及其使命……暗讽所有的宗教使命在实现人类公正与幸福方面的失败"[2]。他们把小说的人物形象与宗教人物对应起来之后，便把小说的各种情节全都看成是宗教人物的言行。如他们把里法阿、高西姆看成是耶稣和先知穆罕默德的象征，那么在读到里法阿与妓女雅

---

[1] 姚斯：《文学史作为文学理论的挑战》，转引自胡经之、王岳川主编：《文艺学美学方法论》，北京大学出版社，1994年，第343页。
[2] 穆罕默德·叶海亚、穆阿太兹·舒克里：《穿过纳吉布·马哈福兹的街区通往1988年度诺贝尔奖的道路》，开罗，乌玛出版社，1989年，第121页。

斯敏结婚后不能生育时,他们认为这是对耶稣性无能的嘲讽;而在读到高西姆在新婚之夜喝酒、吸食大麻的情节时,他们认为这是对先知穆罕默德的亵渎。更要命的是,在他们认定了小说中的老祖宗象征着创造世界的真主之后,却在结尾读到了老祖宗的死亡,犹如尼采所说的"上帝死了",而这样的思想和说法,在他们看来简直是大逆不道,罪该万死,因为安拉(上帝)是不生不死的。

这样的解读方法和解读结果必然把作者推进渎神的群落中去。问题在于,这一读者群并非完全以艺术审美的正常方式来阅读这部小说。按照审美的规律,主体的能动性、个体性、体验性中存在着一种内在制约性,集中表现在审美客体中艺术形象或艺术意境的形式结构对主体的定向导引上,它使得接受主体(审美欣赏者)的再创造不至于出现随意性、非理性以及伪审美性。但这一读者群浓厚的宗教意识恰恰使他们的阅读、接受过程呈现出极大的非理性和随意性,因为他们把《我们街区的孩子们》当成宗教史而非文学作品来读。

马哈福兹本人曾对此提出抗议:"《我们街区的孩子们》的问题是,我从一开始就是把它作为'小说'来写,而人们却把它当成'著作'来读。小说是既有事实又有象征、既有现实又有想象的一种文学构成……不能把'小说'判别为作家所相信的历史事实,因为作家选择这种文学形式,无须保持历史的原貌,他只是在小说中表达自己的意见。"[①]

---

[①] 艾哈迈德·凯马勒·艾布·麦吉德:《为〈我们街区的孩子们〉作证》,载《金字塔报》1994年12月29日。

马哈福兹的这一说法得到了一位评论家的支持:"如果纳吉布·马哈福兹写宗教史,那么像他那样对宗教了解得细致、深刻而又全面的作家,难道会忽视古代法老的宗教,或忽视在中国、印度、东南亚有着亿万追随者的佛陀和孔子吗?……纳吉布·马哈福兹对生活的时代和对时代发生巨大影响的力量有着强烈的意识。如果他要写宗教,决不会忽视佛教与儒教。"①尽管马哈福兹进行了辩解,一些世俗主义的学者也对马哈福兹的说法给予了支持,但是这并不能消除那些思想极端的人对马哈福兹所持的偏见,以至于马哈福兹在他84岁高龄的时候都没能逃过极端分子的刺杀,差点就因为《我们街区的孩子们》这部作品魂归真主。②然而,正是这部作品让我们看到了马哈福兹的远见卓识,看到了他对公正理念和公平社会的追求。

## 公平与正义的追求

马哈福兹的公平理念和对理想社会的追求在小说中的表现,他超前的思想意识被"阿拉伯之春"印证了。2011年2月25日,埃及

---

① 拉贾·纳卡什:《论纳吉布·马哈福兹之爱》,开罗,舒鲁格出版社,1995年第1版,第171页。
② 马哈福兹于1994年遭遇极端分子的刺杀。杀人凶手受到某些清真寺里的长老的宣传蛊惑,说马哈福兹的小说亵渎先知,亵渎伊斯兰教,应该杀掉他。在宗教界地位较高的长老的确曾经表示马哈福兹该杀的想法。爱资哈尔的长老欧麦尔·阿卜杜·拉赫曼就曾经说:"要是小说《我们街区的孩子们》发表的时候,我们就杀掉纳吉布·马哈福兹,就不会有后来的萨尔曼·拉什迪了。"参见 Raja' An-niqash, Najib Mahafuz: Safhat min Mudhakiratihi wa Adwa' Jadidah ala Adabihi wa Hayatihi (Markaz al-Ahram li-l-tarjamah wa an-Nashr,1998),p.144。

爆发了反对穆巴拉克政权的大规模游行示威,从而掀起了被西方媒体称为"阿拉伯之春"的革命。尽管后来持续动荡的埃及局势和整个阿拉伯局势的变化让人们思考这是否是一场真正的"革命",有的人反而将其解读为"阿拉伯之冬",也有人称之为"阿拉伯之秋",但不管如何为这一场民众运动命名,这一动荡的局势打破了原有的社会稳定,从而也在文学评论界引起对一些作家喻示和预示革命的作品的关注,其中尤为引人注目的就是埃及前作协主席萨尔瓦特·阿巴扎和诺贝尔文学奖得主马哈福兹。

在普通读者看来,《我们街区的孩子们》是从人类发展的角度,思考通向理想境界的道路。从世俗主义的角度考察,该小说仅仅是描写了几代人为实现理想而斗争的故事:老祖宗杰巴拉维在沙漠边缘开垦了一片地,建立了街区,经过一段时间之后,老祖宗退隐,在大房子里深居简出,隔断与外部世界的联系,成为后代子孙们心中永恒的谜。第一代子孙为获得老祖宗的代理权而斗得不亦乐乎,结果一正一邪的两个儿子都被逐出家门,流落到沙漠中,过着艰苦的生活。老祖宗在退隐之后,对街区实行了代理管理的制度,管理街区的头人被赋予了维护街区秩序的权力。随着时间的推移,街区头人慢慢地腐化、腐败了,用暴力对付老百姓,使街区失去了公平与正义。第二代子孙杰巴勒看到广大民众在恶头人的强征暴敛之下,生活在水深火热之中,忍无可忍之下率领众人与恶头人抗争,用武力夺回了被剥夺的继承权,恢复了街区和平公正的秩序。第三代的代表人物里法阿对幸福的观念有着自己独到的理解,心平气和地过着一种与世无争的生活。他视财产、力量与威望如粪土,乐于为平民百姓治疗疾病,以驱邪逐魔助人为乐,过着一种去贪欲、消仇恨的充满友爱精神的生活。第四代的代表人物高西姆,在老祖宗的启示下率领受压迫的人民上山习武,与残暴的头人做坚决的斗争,终于夺回控制权,恢复了街区的太平景象,使杰巴拉维的子孙重又获得平等的权利。马哈福兹似乎在暗示我们:只要社会失去了公平和正义,尤其是统治者不能维持一个社会公平、正义的秩序的时候,那么发生革命、重新建构社会秩序便成为一种必然。

在后来接受采访的时候,马哈福兹自己承认是对社会现象的观察和对正义的思考促成了这部小说的创作:"《我们街区的孩子们》的基本宗旨,是描写对正义的伟大梦想及永久探求。小说想对一个核心问题做出答复:实现正义的武器,到底是暴力,还是爱?或者是科学?促使我创作这部小说的,是革命胜利后,具体而言是1958年前后传出的各种消息,这些消息表明,革命后出现了有着很大权势的新的阶级,以至于封建王朝时期的社会现象又再现了。这让我非常失望,有关正义的思想在我头脑中不断出现,这便是产生这部小说的首要原因。"[①]既然社会需要公平和正义,那么由谁来维护和实现呢?是由领袖、英雄人物来实施,还是由平民百姓去贯彻?

马哈福兹在作品中给予我们的答案是两者都很重要。一位西方的

---

[①] Raja' An-niqash, *Fi Hubb Naguib Mahfuz* ( Dar Ash-shuruq, 1995 ). 该段内容参考薛庆国译文,个别地方有改动,见《自传的回声》,第150-151页。

评论家在分析马哈福兹的另外一部长篇小说《平民史诗》时说:"马哈福兹在《平民史诗》中关注领导者的本性、英雄任务的塑造……同时也暗示普通人对英雄人物的创造与毁灭有着比自己想象中更多的责任。"①

在《平民史诗》中,马哈福兹通过阿舒尔家族一代代人的故事彰显了正义的原则,表现了一种和平、有序的社会运行模式,尤其是第一代的老阿舒尔作为平民的代表即便在取得权力以后也遵守个人行为的正义,不做伤害别人利益的事情,限制自己的权力和财富,不侵犯他人,以一种合理的尺度对待所有人,尤其是善待穷人和平民,而对代表富人的绅士阶层给予限制,从而实现了社会的公平与正义。

他的行侠建立在前所未有的基础之上。他重操旧业,住在地下室里,手下的人都靠做工获得糊口之资。这样,无赖被消灭。只对头面人物和有能力的人征收税金,同时周济穷人和残废者。阿舒尔战胜了邻近各条大街的头领,我们这条街的声威空前盛大,势力扩大到其他地区,街内实现了公正、仁爱和平安。②

如果说《我们街区的孩子们》和《平民史诗》更多关注的是社会重大的变动甚至发生革命的问题,那么,《千夜之夜》③则聚焦在

---

① Catherine Cobham, *Enchanted to a Stone: Heroes and Leaders in The Harafish by Najib Mahafuz* (University of Sydney, 2007), p.2.
② 纳吉布·马哈福兹:《平民史诗》,李唯中、关偶译,湖南人民出版社,1984年,第83页。
③ 中文版更名为《续天方夜谭》。

公平正义的缺失与局部重构社会秩序的关系。埃及作家苏莱曼·法雅德（Sulaiman Fayad）认为，马哈福兹"最重要的关注点是统治者与被统治者的对立：国家政权、官僚体系、街区的权力斗争以及族长的控制"。[1]在《千夜之夜》中，发生了那么多的凶杀案，大多是因为地区执政官的贪婪、腐败、滥杀无辜而激起了民愤，最终导致有人挺身而出，杀死失去了公平与正义的地区执政官。而国王山鲁亚尔走入民间的体验，感受到的也是失去公平和正义的社会状况：

山鲁亚尔站起身来，胸中心潮澎湃。在花园的长廊走着，天上繁星密布，地上黑暗重叠，他显得那么渺小。往事的种种声音又在他耳边响起。有胜利的欢呼，忿怒的咆哮，少女的哭泣，臣民的祈祷，伪君子的赞歌，还有讲台上的颂扬。这一切，淹没了花园里的所有声响。他看清了这虚假的荣耀，撕下破纸糊成的面具，露出来的尽是残暴、凶狠、杀人、抢劫的毒蛇。他诅咒自己的父母，诅咒杀人的打斗，诅咒诗和诗人，诅咒虚伪的骑士、国库的盗贼、居家的暗娼。他诅咒那些抢来的金银珠宝，诅咒自己把钱财挥霍在那些道貌岸然、寻花问柳、醉生梦死的人身上。[2]

---

[1] "Revealing conflicts", Interviews by Youssef Rakha, Al-Ahram Weekly Online, 13-19 December 2001, Issue No. 564.
[2] 纳吉布·马哈福兹：《续天方夜谭》，谢秩荣等译，中国文联出版公司，1991年，第206页。

《千夜之夜》中的国王山鲁亚尔比起《一千零一夜》里的国王山鲁亚尔更多地意识到了社会公平与正义的重要性。这恰好说明了马哈福兹借助《一千零一夜》来进行故事的全新演绎，正是为了表达自己的公平正义之理念。

公平与正义的思想不仅体现在马哈福兹的小说《我们街区的孩子们》《平民史诗》《千夜之夜》《法图麦游记》《卡斯泰米尔咖啡馆》等小说中，更是在他发表的许多文章中有详细的阐释。他曾在埃及最大的报刊《金字塔报》上撰文表达对埃及1952年七月革命带来社会公正的赞赏，他认为纳赛尔领导的自由军官组织发动的七月革命给埃及人民带来的最好礼物便是社会的公正，具体体现在革命之后建立的许多国有机构、公民享有的免费教育和其他的社会保障。[①]在埃及革命领袖纳赛尔去世（1970年）的第四天，金字塔报上刊登了马哈福兹的悼念文章，题为《天上的话语》。他在这篇悼念文章中所赞赏的纳赛尔的主要成就也在于纳赛尔在某种程度上实现了埃及社会的公正与正义：

——全球都在为你送行，我为此而感到欣慰。

——我的欣慰，在于阿拉伯祖国的独立，和她牺牲的土地得到公正的解决。

---

[①] 参见纳吉布·马哈福兹：《月亮的另外一张脸庞》，《金字塔报》，1982年12月30日。

——我最喜欢的道路，将是前往祭奠你的清真寺的道路。

——我的道路是正义，是通往科学和社会主义之路。①

我们从马哈福兹悼念纳赛尔的这篇文章中可以看到，马哈福兹对纳赛尔这位领袖人物的盖棺定论主要就在于纳赛尔带领埃及人民实现了"公正的解决"，率领埃及人民走上正义的道路。当然，领袖人物必须具备带领人民走向公平与正义道路的领导力，而对于普通百姓来说也同样需要承担建设公平正义社会的责任。

### 革命的预言

马哈福兹对公平正义主题的长久而深入的思考，使他强烈地意识到公平与正义对于社会平稳发展的重要性，同时也意识到革命与重构社会秩序的必然性，不知不觉中形成了对革命的预言。从这一意义上看，我们不妨将马哈福兹看成是一位"革命的先知"。

在《平民史诗》中，残暴的头领使街区的秩序完全失去了公平和正义，人们失去了幸福和快乐的生活。广大平民终于忍受不了头领的残暴与不义，在小阿舒尔的领导下奋起抗争。

从参加的人数看，这是本街上空前未有的一场大规模斗争，其中

---

① 纳吉布·马哈福兹：《天上的话语》，《金字塔报》，1978年10月1日。转引自《自传的回声》，第155页。

平民百姓占了绝大多数。这大多数人突然结合起来，拿起棍棒，冲出房舍、店铺，发出惊天动地的呐喊声，撕破了罗网，什么奇迹都可以创造出来。头领宝座又回到了纳基家族手里，阿舒尔当了头领，由他组织的民团，第一次囊括了本街平民的大多数人，从此以后，没有发生过暴乱，平民紧密地团结在头领阿舒尔的周围，阿舒尔像一座雄伟的建筑物耸立在平民之间，人们用建设的眼光望着它，全然没有毁坏的想法。①

马哈福兹在《我们街区的孩子们》中已经表达了公正与正义的主题，但是他为什么又要创作一部主题相似的《平民史诗》呢？这恐怕跟当时萨达特总统上台以后埃及的社会状况不无关系。当时的社会意识形态、社会制度尤其是各种不正常的社会现象促使他再次思考公平、暴力与革命的关系。1977年1月，由于食品价格暴涨，埃及暴发了一起城市边缘人口卷入的自发性暴力事件，"这是1952年7月以来人民群众首次暴力反抗政府"。②自此以后，埃及发生了多起暴力事件。1952年的埃及自由军官组织发动的革命在纳赛尔的领导下取得胜利以后，埃及建立了和平、和谐的社会秩序，社会的运行进入了一种稳定的状态，马哈福兹感受到了新政府领导下的埃及人民生活幸福，因此，他觉得既然社会问题都解决了，他也就完

---

① 纳吉布·马哈福兹：《平民史诗》，李唯中、关偁译，湖南人民出版社，1984年，第614页。
② 毕健康：《埃及现代化与社会稳定》，社会科学文献出版社，2005年，第224页。

成了自己的使命了，没有必要再用自己手中的笔去反映社会的问题，基本处于封笔的一种状态。没想到这种公正、和平的社会秩序没有维持多长时间，埃及社会就又出现了许多不公正的现象。于是，这种社会状况再次引起他的忧思，促使他再次拿起手中的笔，为社会的公正而继续奋斗。《我们街区的孩子们》就是他封笔6年之后的新作。然而《我们街区的孩子们》于1959年便在《金字塔报》上连载。之后便遭到了保守势力的攻击，小说遭到查禁，不允许出单行本，一直到十年之后才在黎巴嫩出版了单行本。但黎巴嫩公开出版的单行本依然被埃及禁止。①因此，普通的读者很难读到这本小说，自然也很难了解马哈福兹的公平正义思想。或许这是后来促使他创作《平民史诗》和其他同类主题的小说作品的动因之一。

如果说《我们街区的孩子们》侧重于整个人类的命运，那么，《平民史诗》则更像是他对1977年以后一系列暴力事件的预言。如前所述，埃及1952年革命以后第一次暴发暴力事件是在1977年，而《平民史诗》出版的时间就是1977年，那么马哈福兹创作这部小说的时间必然是在1977年之前，而他构思这部作品的时间则应更早。

阿拉伯的评论家也指出了马哈福兹的作品对于革命的预言。萨尔比尼·吴克苏里（Ash-sharbini Al-uqsuri）说道："我很急切地想谈谈文学家纳吉布·马哈福兹的《疗养期的梦》（*Ahlam Fatrah An-*

---

① 《我们街区的孩子们》一直到2006年才在埃及有条件出版。其条件是由一位爱资哈尔的权威长老为之作序，为读者进行评判性的引导。

*naqahah*），它像纳吉布·马哈福兹的其他作品一样超越了时代，这些作品呼吁革命，作为人民的一种要求，去实现自由、公正和平等。他的作品超越了时代，预言、警示了革命——'平民'的革命。"①

《我们街区的孩子们》的结尾实际上也是革命的一种预示："老百姓的一举一动或一句笑话，都可能招致毒打。街区被恐怖所笼罩。面对强暴，大家挺直腰杆，满怀希望，保持沉默。他们遭受迫害时，总是自我勉励说：暴政一定会结束，黑夜过去是光明。让我们亲手埋葬暴君，迎接光明的未来，迎接奇迹的诞生！"②

有学者认为，马哈福兹在他的很多作品中都探讨了革命的问题，探讨革命发生的各种原因，有的作品是对革命原因的直接揭示，有的则是间接的反映和思考。"马哈福兹在不止一部作品中涉及这些因素，从《我们街区的孩子们》开始，不是直接的揭示，而在后来的作品里则进行了直接的探讨。"③当然，更直接的表达还见于他的许多文章。他专门写过一篇《社会公正》的文章，认为必须满足一定的条件，才能创造社会的公正："第一，民主，保障法律、政治、个人权利；第二，国家保护无产者免受有产者的剥削，保证必要的服务，为之创造、提供条件；第三，工作与生产的规划，以实现丰收。平等是富裕的平等，

---

① Ash-sharbini al-uqsuri, "Kawabis al-Waqi'fi Ahalam Fatrah an-Naqahah'inda Najib Mahafuz", Website Al-aqbat Mutahidun, http://www.copts-united.com/Article.php?I=1944&A=44211, posted at 10th. Jan. 2012, visited at 9th. Jun. 2014.
② 纳吉布·马哈福兹：《我们街区的孩子们》，李琛译，上海文艺出版社，2009年，第434页。
③ Shaoqi Abd al-Hamid Yehye, *Youniyou 67 wa Atharihi fi ar-Riwayeh al-Misriyyeh 2000*, p.30.

而不是匮乏的平等。"①马哈福兹的公正理念明显带有社会主义的色彩。他对公平正义的大量思考是使他获得预感的重要来源。

在马哈福兹看来，革命并不是一劳永逸的，而是会不断发生的。只要社会偏离了公平与正义的轨道，革命与社会秩序的重构就是难以避免的。在中篇小说《卡斯泰米尔咖啡馆》中，他说道："革命的列车从一个站驶向另一个站，取得无数的胜利，克服各种障碍，战胜各种挑战。"②在马哈福兹看来，革命不能一劳永逸地解决社会问题，因此，革命就会重复发生。而要避免革命的发生和社会的巨大动荡，就要维持社会的公平与正义。

诚然，马哈福兹的小说创作是埃及社会的一面镜子，无论是《我们街区的孩子们》，还是《平民史诗》，抑或《千夜之夜》，都是对阿拉伯社会向何处去、阿拉伯社会如何发展的一种深入的思考。尽管这几部作品并不像他的其他现实主义风格的作品那样直接揭露社会的阴暗面，批判埃及社会的黑暗现实，但它们却以象征主义的手法更为深入地思考了人类发展过程中必然要面对的公平正义与社会变革甚至发生革命运动的深刻命题。我们只有揭开其作品的层层帷幕，才能看到马哈福兹真实的思考：公平与正义才是社会平稳向前的根本之道，一旦社会失去了公平与正义，发生革命则必将成为历史发展进程中的必然。

---

① 纳吉布·马哈福兹：《社会公正》，《金字塔报》，1982年12月2日。
② Najib Mahafuz, Qashtamir (Dar sh-Shuruq,1988), pp.104~105.

## 《续天方夜谭》：善与恶的斗争

《续天方夜谭》是马哈福兹"新现实主义"创作阶段的一部重要作品，具有典型意义。《续天方夜谭》的标题是意译的，从原文的字义来看，翻译成《千夜之夜》更为接近。但翻译成"续天方夜谭"很符合中国读者的阅读习惯，因为中国古代小说就有很多续书，对于那些阅读了经典原著感觉还不过瘾的读者，就希望有人再续写原来的故事，只是大多数的续书都难以达到原作的高度，所谓"狗尾续貂"而已。然而马哈福兹的这一本续书，跳出了从原故事、原人物续写的窠臼，而只是借用了《天方夜谭》原先的人物名字，重新构思了故事情节，以高超的小说艺术创作了这一部具有《一千零一夜》风格的富有思想的作品，既表现了作家对于善与恶的思考，也表现了人性的复杂；既具有魔幻现实主义的风格，又影射了现实的政治；既反映了阿拉伯人的生活，含有苏菲神秘主义的意蕴，又体现了作家对于存在主义的思考。

该书借用《一千零一夜》故事的主要人物，编写了十三个各自独立又互有联系的故事，分别是《批发商法迪勒·萨那尼的故事》《贾姆沙·白勒迪的故事》《脚夫阿卜杜拉的故事》《努尔丁和敦娅佐德的故事》《理发匠阿吉尔的故事》《爱尼丝·婕莉丝的故事》《古特·古鲁卜的故事》《长黑痣的阿拉丁的故事》《真假国王的故事》《隐身帽的故事》《鞋匠马洛夫的故事》《航海家辛巴德的故事》和《恸哭者的故事》。这些故事"有的优美动人、富于想象；有的离奇曲折、引人入胜；有的借古讽今、针砭时弊，充分反映了作者的善恶观念和热爱人民的思想"。①批发商萨纳尼和他的儿子法迪勒，药剂师伊卜拉欣和他的儿子，布商吉利勒，驼背谢姆鲁勒，脚夫阿卜杜拉，海员冒险家辛巴德，理发匠阿吉尔和他的儿子阿拉丁，水夫易卜拉兴，鞋匠马洛夫，医生阿卜杜·高迪尔·穆黑尼，百万富翁凯尔姆·艾西勒，古董拍卖商苏哈鲁勒都在故事的开头粉墨登场了，充分体现了马哈福兹这一作品与《天方夜谭》的互文性，也让读者感到了亲切，往往会联想起原作《天方夜谭》里的人物和情节。（《续天方夜谭》8页）

读过《天方夜谭》的读者都比较了解故事的总框架：在介于印度和中国之间的一个国度，其国王名叫山鲁亚尔，他的弟弟来探访期间，发现了他的妻子——王后经常趁他不在的时候聚集一群宫女和男仆包括黑奴集体淫乱。国王亲眼看到真相以后勃然大怒，将王后和那些宫女、男仆全部杀死。但他还嫌不解恨，从此以后，他每天娶一个新娘子，第二天就将她杀死，导致城里适婚的妙龄少女都找不到了。负责为国王找新娘子的宰相忧心忡忡，回到家里以后闷闷不乐，唉声叹气，女儿山鲁佐德知道以后挺身而出，自愿进宫做国王的新娘子。山鲁佐德找借口把自己的妹妹接进宫里，晚上给妹妹讲故事，国王也在旁边听着，故事讲到了高潮阶段，夜已深，只好先睡觉，第二天本来是要杀掉新娘子的，但是国王因为还想听故事的结局，便留下山鲁佐德的性命，到了晚上继续讲故事，讲完一

---

① 谢秩荣：《续天方夜谭》前言，第4页。

个故事又牵出另外的故事,又讲到夜深时分,国王听得津津有味,欲罢不能,一直没舍得杀掉山鲁佐德,不知不觉讲了三年的时间,讲了一千零一个夜晚,国王终于从山鲁佐德的故事中受到启发,醒悟过来,留下山鲁佐德母子,不再滥杀无辜,洗心革面。马哈福兹的《续天方夜谭》的故事便是从这里开始的。他把故事发生的时间设定为一千零一夜之后,国王将宰相丁丹召进宫里,告诉宰相自己要留下山鲁佐德,不再杀新娘子的决定。

国王山鲁亚尔娶了山鲁佐德为妻,意味着他的恶的终结,但是恶并没有真正终结,恶还会在别人的身上发生,萨那尼从一个备受人们尊敬和喜爱的商人变成一个行凶作恶的坏蛋,犯下强奸和杀人的罪行。执政官阿里·苏禄里为了平息社会舆论,责成卫队长采取强硬措施,找出罪犯来,于是,"卫兵们突然袭击了在残垣断壁下栖息的乞丐和流浪汉,把他们成群结队地赶向荒山野地,连老人也不放过。哭诉,乞求都无济于事。面对这番暴行,他们只能默默祈祷,求真主、先圣和圣徒们的庇佑。"(《续天方夜谭》,第24页)萨那尼的恶行造成了整个街区的灾难,他感到强烈的不安,却也莫名其妙,不知道为什么会变成这样一种局面:"萨那尼怀着忐忑不安的心情注视着周围发生的一切。毫无疑问,他就是罪犯,但却逍遥法外,依旧享受着荣耀与尊严。而成百上千的无辜者,正因为他酿成的灾祸在遭受着磨难。他不明白,自己怎么竟成了这一切苦难的中心人物。"(《续天方夜谭》,第24页)

故事延续了《一千零一夜》中最大主线故事及主要人物,但对原来的人物进行重新的演绎。如《贾姆沙·白勒迪的故事》保留了原型故事《渔夫的故事》中"捕鱼者碰巧发现一个瓶子,精灵从瓶子里出来"的标志性桥段,但主人公身份发生了变化,贾姆沙在《续天方夜谭》中是地区执政官手下的卫队长,情节发展和主题思想上也都完全颠覆了原型故事。又如《鞋匠马洛夫的故事》沿袭了《一千零一夜》中同名故事的人物,但是故事情节却完全相反,在原型故事中,马洛夫获得了所罗门的戒指,并因此得到幸福,而改编后的故事中马洛夫恰恰没有戒指……

这部作品最重要的主题是善与恶的斗争。有位学者指出:"马哈福兹在《续天方夜谭》中讨论了人性善恶、幸福在人间等元命题,但他精挑细选的13个故事更集中地表现了他对平衡之道的理解和看法。人在日常生活中行为之度、善恶之间的平衡与控制、舍与得的权衡和把握都是作家着意要表现的内容和观点。任何失去平衡与超越界限的行为背后都暴露出人的贪念和私心,而这正是人心躁动的主要原因。"[①]国王山鲁亚尔在故事中就是善恶斗争的典型代表,他曾经和宰相丁丹一起讨论过关于善与恶的问题。国王说道:"一旦百姓安睡,善与恶也就消失了。所有的人都渴望幸福。但幸福却像冬天的月亮,总被乌云遮掩着。如果新任执政官苏莱曼奇尼干得顺手,则会像天空落下的雨水,将清洗散落在空气中的尘土。"(《续天

---

① 唐蕾:《论纳吉布·马哈福兹的平衡之道——以〈续天方夜谭〉为例》,《常州大学学报》(社会科学版),第68页。

方夜谭》,第160页)君臣对于善恶的讨论中,还是有着赋予百姓幸福的共同心愿,但在如何治理国家、如何给予百姓幸福生活的方法与手段上,君臣二人则有着不同的看法。国王认为要用残忍的手段,以强力来维护社会的平衡与和谐,但是宰相则认为应该使用智慧和力量来治理国家,造福百姓。

国王虽然从山鲁佐德的故事里得到启示,弃恶从善,但是在他心中依然还有戾气存在,他依然向宰相丁丹表示统治国家要靠严厉的手段。在这种思想的指导下,他选择的地区执政官会是什么样的官员,可想而知,几乎都是暴虐而贪腐的官员。面对贪腐与暴虐,民众的反抗和斗争便构成了情节发展和主题思想展示的驱动要素。

《批发商法迪勒·萨那尼的故事》则交织着善与恶的转换。当批发商萨那尼遇上了精灵后,似乎一夜之间就变坏了。他变得暴躁了。他居然猥亵一个邻居家10岁的小女孩帕西玛。听到外面人的声音时感到害怕,为了不让小女孩的声音被人听见,他扼住小女孩的喉咙,造成了小女孩的死亡,他不仅成了一个强奸犯,还成了一个杀人犯。似乎是精灵使他改变了,但其实按照存在主义的理论,人是有着自由意志的,人做一切事情,都是自己选择的结果,所以,与其说是精灵使他变坏了,毋宁说是他自己内心的恶念被激发出来,从而造成了一切恶果。他本来是个好人,也想做个好人,但是禁不住魔鬼的诱惑,干了很多的恶事。他和魔鬼做了交易,答应了魔鬼的条件,戴上隐身帽,人们就看不见他,但是他只能干坏事或搞恶作剧,而不能用隐身帽去行善,这便是魔鬼的条件:"他已成为刀下之鬼了。

打那以后,他再也不能活在人世了。他只能戴上隐身帽,在黑暗中像个可咒的幽灵似的飘荡。他确是一个可咒的幽灵,只能恶作剧或干坏事,根本不容忏悔和行善,已成为一个众人唾弃的魔鬼。"在魔鬼的控制下,萨那尼戴着隐身帽,干了很多坏事。"这地区又接二连三地发生了许多莫名其妙的事件,使人们忘记了那桩自杀案以及在逃的罪犯。一个有名望的人在骡子上被人推了一把,摔倒在地;秘书萨米·舒克利在卫兵中间被一块石头砸破了脑袋;地区执政官的家里丢失了一些贵重的珠宝;木材商店着了火;市场上,妇女常被人捉弄。上上下下一片恐惧。法迪勒·萨那尼绝望而又疯狂地在歧路上横冲直撞。"(《续天方夜谭》,第233~234页)

马哈福兹洞察人间世事,他明白有很多人有时候做一些事情其实并不是出于本心,但是在一些特定的环境和条件下,就会干出违心的事情。尽管一个人的本性不坏,但是做了坏事就必然对他人造成伤害,这是无法否认的事实。尽管社会上这样的人和这样的事情可能还不少,但是马哈福兹并没有因此而绝望,相反地,他抱持着乐观的精神,终究还是给了我们以希望。他让法迪勒·萨那尼的灵魂得到启示,并且以巨大的勇气,去迎接由恶向善的转变可能带来的付出生命的代价:"是的,原来那个法迪勒没有了,完了。但是,路仍然很宽,还可以有所作为。黑暗的深谷里闪出一线光芒。很久以来,他的灵魂第一次复苏了。他的意志又复活了,不断受到启迪,勇气倍增。心中涌起一股鄙视和挑战的浪涛,把生死置之度外了。他从浪尖上凝望着自己的前景,那前景预示着神圣的死亡。"(《续天方夜谭》，第 236 页）要弃恶向善，有时候是要付出代价的，法迪勒深知这之中的道理，虽然他也有对生命的留恋，但是黑暗中闪现的光芒让他的灵魂受到洗礼，让他毅然下定决心弃恶从善，哪怕失去自己的生命也在所不惜。这让我们看到了希望。

对于善的思考，是马哈福兹对于阿拉伯社会主流价值观的肯定，但是他对此又有着自己与众不同的思考，引入存在主义思想便是马哈福兹对"前定论"的深刻反思。马哈福兹通过他的小说作品来阐释、体现存在主义思想，恰恰表明了他对于宗教的深刻理解，和对社会传统文化的深刻反思，表现出了他的哲学高度。他希望人民明白，即便一切命运都是"前定"的，但根据存在主义哲学的主张，人在具体行动的时候是自由的，是有选择的能力的，是人自己的选择决定了事情的结果。因此，人必须为自己的行为负责。比如精灵辛加姆在诱惑贾姆沙去作恶的时候，贾姆沙希望精灵给出具体的指示，但是精灵看透了贾姆沙的目的，给予了明确的拒绝。两者之间有一段对话：

贾姆沙恳求道：

"把你的用意跟我说明一下吧！"

"你是个有头脑、有意志、有灵魂的人嘛！"

"你就给我一线光明吧！"

"你得靠头脑、意志和灵魂！"

贾姆沙还想恳求，那一位却讥讽地大笑一声，抽身而去，无影无踪了。（《续天方夜谭》，第 51 页）

贾姆沙想要精灵给出明确的指示，实际上就是内心在寻找一个借口，一个可以逃避自己责任的借口，但是精灵强调贾姆沙是一个有头脑、有意志、有灵魂的人，也就是说贾姆沙是有自己选择的能力的，他必须靠自己的头脑、意志和灵魂去做出选择。马哈福兹借助这一情节想要表达的是：无论是作品中的人物，还是现实中的人们，都要为自己的行为负责，不要企图找借口让别人或是让神明来为你的行为承担责任。因此，一个人行善，还是作恶，也都是他自己选择的结果，尤其不能把作恶的根源推给别人，把自己摘得干干净净。《续天方夜谭》中那些作恶的人和事从表面上看，经常是因魔鬼或者精灵的诱惑，但其实都是没能抗拒利益的诱惑而做出选择的结果，最终的责任还在于自身。由此看来，马哈福兹对于存在主义哲学的接受及其在文学作品中的表现在当代阿拉伯世界具有非常积极的意义。在埃及和其他阿拉伯国家的社会现实中，确实有很多人以"前定论"来为自己的不良行为开脱，有些甚至形成了不良习惯，比如重承诺轻践约、不遵守时间等非常普遍，而这些不良行为往往都有着很好的借口：一切都是真主的安排！因此在他们的内心认为自己都是没有责任的，也不用负责任。马哈福兹设置上述贾姆沙和魔鬼的情节或许也是想借此批判社会的陋习，希望人们能够改掉不良习惯，让社会变得更美好，让人与人之间的关系更加和谐，让人们的生活更加美好。

在《续天方夜谭》中，马哈福兹也借用了《天方夜谭》的魔幻现实主义的手法。（魔幻现实主义一般被认为是拉美爆炸文学的风格，但其实《天方夜谭》的整体风格都具有魔幻现实主义的主要特征。）在《天方夜谭》中出现了很多神奇的器物，如飞毯、乌木马、魔戒、神灯等，具有超现实的功能，帮助人们实现以当时的现实生活和科学水平而言不可能出现的奇迹，表现了故事叙述者丰富的想象力，也表现了人们对未来美好世界的向往。马哈福兹的《续天方夜谭》没有直接沿用这些神奇器物，但他别出心裁地创造了隐身帽这样类似的神奇器物，起到了同样的作用。

当然魔幻的不只是隐身帽这样的器物，还有很多人和事都很魔幻。比如努尔丁和敦娅佐德的故事就很魔幻，努尔丁仿佛在梦中和自己最喜欢的人洞房了，娇美绝伦的新娘子有血有肉的感觉给他留下深刻的印象，那时梦里的情景是如此真切，他仿佛还能闻见自己店里的香料独特的扑鼻香味，那豪华卧室里精致的帷幔、软椅和床铺都历历在目，但醒来依然是南柯一梦。"但是，她很快便清醒过来，恢复了理智，新郎在哪儿？他叫什么名字？婚礼是什么时候结束的？主啊！并没人向自己求婚，并没有结婚，宫里也没有举行庆典。好像丢了魂一样，自己不过是从梦中醒来罢了。真的只是梦吗？梦是虚无缥缈的，不会这般清晰、持久，更不会如此活灵活现，能有所感觉。敦娅佐德眼前依然能看见新郎的身影，感觉到他的触摸和爱抚；房间里仍然充满了他甜蜜的气息。她跳下地来，发现自己竟是一丝不挂，而且失去了贞操。"（《续天方夜谭》，第96页）从梦中醒来的努尔丁和敦娅佐德都陷入了爱情与相思之中，爱而不得，痛苦异常。如果只是一场梦，那就无法说是魔幻，但后来他的梦想却又真的实现了，那梦中的美女成了他真实的新娘，却原来是有两个精灵在暗中操作，使他们两个从梦幻走向了现实，而梦幻与现实的交织恰恰是魔幻现实主义最为重要的特征之一。（《续天方夜谭》，第103~104页）

被马哈福兹塑造为死神的富商苏哈鲁勒与他人的交往中也充满了魔幻现实主义的色彩。他使用意念就能把现实中人们做不到的事情轻而易举地实现。"苏哈鲁勒（死神）来到疯人院的围墙下，站在黑影里……他把意念集中到脚下的地面上，旁边就是禁锢贾姆沙·白勒迪的牢房。于是，地上裂开了一条靠人力至少要一年才能凿出来的隧道。转眼间，苏哈鲁勒已经站在贾姆沙·白勒迪床头的阴影里，听见了他均匀的鼾声。"（《续天方夜谭》，第112页）苏哈鲁勒以神力把疯子带出了疯人院，让他重新获得了自由，这在现实中完全是不可能的事情，但是马哈福兹通过他的"神笔"制造了这一神奇的事件以及其他许多神奇的事件。

这些神奇的魔幻现实主义的事件经常借助魔鬼或精灵来实现。马哈福兹深谙《一千零一夜》的叙事风格，但他也不是完全沿用《天方夜谭》中的人物形象，而是发挥了一个伟大作家强大的叙事能力，塑造了一批魔鬼与精灵的独特形象，比如城市里的精灵高姆高姆、辛加姆，魔鬼扎尔玛巴哈、萨赫拉布特，化身为富商的死神苏哈鲁勒等等。

比如，卫队长贾姆沙·白勒迪忙中偷闲去河边钓鱼，拉上来的渔网沉甸甸的,却没有一条鱼,只有一个铜球,他把铜球扔到船舱上的时候铜球炸裂了,发出一声巨响,从中冒出一股像尘土的东西,飘向天空,卷入云端,等尘土消失之后,若隐若现地出现了一个影子,却原来是被封禁了一千多年的精灵辛加姆。又比如,法迪勒得到那顶神奇的隐身帽之后,认为这件送给他的神奇礼物是可以用来拯救人类的,但是魔鬼却只让他恶作剧、干坏事的时候用隐身帽,一旦他做好事,隐身帽就会失去保护他的作用。

通过这类故事,马哈福兹创建了一个充满魔幻现实主义的世界,上演了种种善恶斗争的悲喜剧。我们由此也看到马哈福兹对《一千零一夜》的深刻理解,以及他对原作品进行演绎的高超技巧。

除了魔幻现实主义之外,马哈福兹在这部作品中还让我们感受到了苏菲神秘主义的色彩。他塑造了一个伊斯兰教长老阿卜杜拉·巴勒希的形象,是典型的苏菲神秘主义的表现。作家借着长老的故事表现了伊斯兰教善的核心价值观。经常到长老那里去聆听教诲的人,有走正路的好人,有虔信教义的信徒,也有离经叛道的恶人,但总体上看,经常和长老交往的,受到长老影响的人物,在他们身上多多少少体现了善的种子,大多能秉承长老善的理念去生活,去行动,去做人。山鲁佐德是长老的学生,因此在给国王山鲁亚尔讲故事的过程中渗透了善的思想和理念,终于感化了杀人不眨眼的国王;批发商法迪勒·萨那尼在遭遇精灵后本来想去见一见长老,说说自己遇到的情况和烦恼,但是他犹豫了一下,放弃了见长老的想法,结果很快就做了坏事,他没能抑制住内心的恶念,强奸了小女孩并把她掐死了；卫队长贾姆沙受到执政官的训斥之后，觉得深受侮辱，"面对这种侮辱，贾姆沙怒不可遏，火暴脾气又上来了，心中的一切善念都退居一旁，消失在胸臆深处。他疯狂地挽救败局，为了维护自己的职权，为所欲为。他一心想保住自己的地位，完全变了个人。童稚时在清真寺里从长老那儿学到的与人为善的那些话，全都抛在了脑后。"（《续天方夜谭》，第47页）他派出手下抓捕了一大批人。贾姆沙本来也受过长老的影响，心中也有一丝丝的善念，但是关键的时刻他不能让自己的善念发挥作用，而是利用自己手中的权力做了恶事。马哈福兹并没有简单地区分善和恶，而是非常辩证地借助故事和情节表达自己对于善和恶的看法。从贾姆沙的故事来看，善和恶也是可以转变的。

尽管精灵辛加姆诱导贾姆沙去杀死执政官哈姆扎尼有他自身不可告人的目的，但是贾姆沙自己意识到正逐渐淡忘长老的教诲，"一步步地变坏，终于变得专门保护贪官污吏，杀害仁人志士"（《续天方夜谭》，第57~58页），他心中的善念在逐渐苏醒，终于下定决心，按照精灵辛加姆的指示，杀死了作恶多端的执政官哈姆扎尼，为社会除掉了一个公害。从贾姆沙和其他多个人物的故事来看，人不一定完全是善的，也不一定完全是恶的，善与恶之间，有时候只有一念之差。当然，贾姆沙能够由恶转善，也在于他心中的善念，在于平时长老阿卜杜拉·巴勒希对他和许多弟子们的教导，在他们的心中种下了善的种子。

善与恶从来不是无缘无故的。表面上看，有些人作恶好像是因为贫穷导致的,或者把贫穷作为自己作恶的借口。理发匠阿吉尔一贫如洗,却贪恋女色,尽管自己有妻室,还勾搭上了一位身份不明的浪荡女人珠莱娜尔,常常到女人那里去幽会,后来趁着珠莱娜尔有一次不在的时候还跟女仆泽哈娅尔发生了关系,但第二天早上醒来却发现泽哈娅尔在床上被人杀死了,血流四处。他偷偷溜走了,还顺手拿走了泽哈娅尔的尸体上镶珠宝的项链。尽管他内心很不安,却还看上了家道中落的哈赛尼娅,托人去求亲。后来还借助一次富人的聚会上有人误杀了国王的小丑宠臣向富商们敲诈勒索,从布商吉利勒那里敲诈了1万金币,威胁哈桑把妹妹卡马尔嫁给他。但是小丑并没有死,阿吉尔心里清楚一旦真相大白,他的结局会很惨,"他现在唯一能做的是,先把新娘弄到手,然后带着她乘第一艘船逃走,到遥远的国度去,开始新的生活——富有、爱情和忏悔的生活。他自慰地想:自己并非坏人,之所以干下这些事,都是因为贫穷。是真主给了他穷苦人的厄运,同时又给予他富贵者的欲望,他自己有什么过错?"(《续天方夜谭》,第152页)

  显而易见,并非贫穷就一定会让人去作恶,而是人的物质欲望让自己坠入罪恶的深渊。理发匠阿吉尔并不是个案,而是具有普遍性的。那些像飞蛾扑火一样奔向妓女爱尼丝·婕莉丝的富人和普通百姓,无一不是因为贪图她的美色:"萨拉赫市场附近的红房子成了侯沙姆·法基、药剂师哈桑和布商吉利勒等人日夜向往和光顾的地方。礼物一件接一件地送去,人心一颗又一颗地上钩。疯狂和痴迷代替了理智,挥金如土风靡一时。谁也不去考虑会有什么结果和恶果。时间的概念也消失了。剩下的只有此时此刻的及时行乐。曾经信奉宗教的这个社会正在堕落着。"(《续天方夜谭》，第166页）爱尼丝·婕莉丝皮肤白皙，明眸皓齿，满头金发，体态丰腴，艳丽夺目，妩媚动人，强烈地刺激着男人们那被压抑的欲望，那些达官贵人、富翁大佬们个个都兴奋不已，跃跃欲试。"爱尼丝·婕莉丝确实妩媚动人、勾心销魂。她倾心爱情、喜好钱财，迷恋男人。她有填不满的欲壑和无止境的贪心。"(《续天方夜谭》，第166页）男人们疯狂地争相要得到她。然而，谁也无法把她据为己有，但谁又都舍不得放弃她。就这样，他们被同一种力量，渐渐地拽入堕落的深渊。最后闹得几十个人破产，两个人丢了性命。

特别有意思的是，马哈福兹对红房子及其女主人的情节设计让读者感受到一种佛教文化的味道，那迷惑了众多男人的美色最终竟然像"臭皮囊"一样香消玉殒。一个晚上，女人在红房子设下圈套，诱惑了包括卫队长、执政官甚至宰相丁丹和国王山鲁亚尔在内的众多富翁和达官贵人，让这些人一个个赤身裸体地被锁进柜子里。就在即将爆开一个惊世大丑闻的时候，"疯子"出手了。"疯子"嘴里默默地念着（咒语），使得女人再也无法挣扎，被无法抗拒的睡意袭击，全身神经松弛，身体不断发生蜕变，"她那迷人的面容开始融化、消失，变成了一个红肿的肉体，那卓越多姿的身段也坍了下去，失去了原来的青春和俏丽。顷刻之间，她变成了几块碎片，最后变成了一股黑烟，很快就消失得无影无踪。接着，这房子里的沙发、床铺、地毯以及各种珍宝也消失了。吊灯熄灭后不见了。屋

子里一片漆黑。"(《续天方夜谭》，第 178 页)

  总的来看，马哈福兹在《续天方夜谭》这部作品中成功地体现了善和恶的主题。善和恶之间有交战，有冲突，有斗争，但是善和恶也会互相转化。萨那尼本来是一个好人，代表着善，所以精灵选择他去刺杀执政官。但是他因为受了魔鬼的诱惑，犯下了强奸罪和杀人罪。后来，他又刺杀了执政官。虽然又是一次杀人的犯罪行为，但是因为执政官是一个贪污腐败的官员，所以杀死执政官等于是为民除害，体现的又是善而不是恶，在这里"恶行"具有了善的价值。我们以为精灵诱使萨那尼去杀死执政官，真的是为了执行善意的行动，是要让萨那尼为民除害，可是，事实并非如此，精灵是带着自己自私的目的的，因为杀死了执政官，禁锢精灵的魔法就破除了，精灵由此获得了自由。为了避免被重新禁锢，精灵放弃对萨那尼的拯救，让萨那尼自己去付出杀人的代价。在这里，精灵起初所表现出来的善，又成了一种自私的恶。

# PART 3

## 马哈福兹在中国的翻译与研究

## 马哈福兹在中国的翻译

马哈福兹一生创作了 56 部作品,其中 37 部为中长篇小说,其余的为短篇小说集。翻译成中文的马哈福兹作品有 20 多种,接近马哈福兹全部文学作品的一半。最早翻译成中文的马哈福兹的短篇小说是 1980 年范绍民翻译的《一张致人死地的钞票》[①],第一篇翻译成中文的中篇小说是 1981 年元鼎翻译的《卡尔纳克咖啡馆》[②],而第一部翻译成中文的长篇小说则是 1984 年李唯中、关偁翻译的《平民史诗》[③]。

马哈福兹作品翻译最集中的时期是 20 世纪八九十年代。在这段

---

① 刊载于《阿拉伯世界》1980 年第 2 期。
② 见《走向深渊——阿拉伯文学专辑》,江苏人民出版社,1981 年。
③ 湖南人民出版社 1984 年出版《平民史诗》。

时间里，马哈福兹被翻译出版的长篇小说有 12 部，中篇小说至少 7 部。被翻译出版的长篇小说包括他的历史三部曲、开罗三部曲和颇有争议的后期代表作《我们街区的孩子们》。短篇小说有 51 篇，包括短篇小说集、外国文学小说集中的选篇和文学期刊上的短篇译文。在阿拉伯现当代作家中，马哈福兹和纪伯伦的中译本数量最多，尽管纪伯伦的作品已经有 5 个中文全集出版，但译文总字数上马哈福兹的作品要远远超出纪伯伦的作品。因此，马哈福兹是"作品译成中文最多的阿拉伯作家"[①]这一说法是完全站得住脚的。1988 年马哈福兹获得诺贝尔文学奖，对于其作品的中文翻译来说，这是一个重要的节点，获奖事件"在短短两三年时间内更刺激着翻译活动，并在 1991 年前后达到了翻译井喷的顶点"[②]。《宫间街》三部曲中译本在 1991 年获得第一届中国优秀外国文学图书奖二等奖，这对当时的马哈福兹翻译甚至阿拉伯文学翻译都是一个巨大的鼓舞。

需要指出的是，国内从事阿拉伯文学翻译与研究的作者对于翻译马哈福兹的文学作品还是有着极大的兴趣和强烈的愿望的，但是在中国加入世界版权公约组织以后，基本上就很少出版马哈福兹作品中文版了。但国内的阿拉伯文学翻译与研究界的学者们感到欣慰和骄傲的有两点：一是马哈福兹还没有获得诺贝尔文学奖之前，我们就已经翻译了一些马哈福兹的作品，说明国内学者对于马哈福兹文学作品的价

---

[①] 丁淑红：《他对我们来说，更有亲近之感》，载《文艺报》，2012 年 4 月 16 日。
[②] 王鸿博：《中国的马哈福兹经典建构：回顾与反思》，《北方工业大学学报》，2014 年第 2 期，第 68 页。

值已经有所认识。二是马哈福兹在各个创作阶段的重要作品基本都已经翻译成中文了。他早期浪漫主义的历史小说三部曲《命运的嘲弄》《拉杜比斯》和《底比斯之战》，现实主义小说开罗三部曲（《宫间街》《思宫街》《甘露街》），《梅达格胡同》《始与末》《新开罗》等，类似于西方现代主义的"新现实主义"小说《平民史诗》《我们街区的孩子们》等作品都有了中文版，有的甚至还有多个译本，如开罗三部曲和《我们街区的孩子们》都分别有3个译本。这些翻译成中文的马哈福兹小说为中国的研究者奠定了研究的基础。

马哈福兹作品的翻译有两个问题是值得一提的。第一个是在中国翻译文学市场过度消费的问题。马哈福兹早期的历史小说三部曲中的《拉杜比斯》有一个版本在出版的时候被改名为《名妓与法老》，这显然是为了制造能够吸引读者眼球的"刺激点"，最大限度地获得经济利益。有些不法书商甚至根据此书名进一步恶意炒作，冠以"禁书"之名大量翻印，赚了一波钱。短期效益上看，出版商和书商达到了他们的赚钱目的了，但是从长期效益来看，"名妓与法老"的标题与小说的内容完全是风马牛不相及，被读者识破以后反而降低了图书的销售量，同时也损害了译者与马哈福兹本人的声誉。

第二个问题是翻译质量的问题。马哈福兹的作品大多数基本上是从阿拉伯文原文直接翻译的，总体的翻译水平还是过得去的，但是也有些译本的翻译可能存在较大的质量问题，特别是开罗三部曲的两个译本受到了较大的质疑。杨乃贵先生对湖南人民出版社的译本和上海译文出版社的译本都做了认真的研究，还公开发表了部分校勘内容。

对湖南译本，他指出："第一部《宫间街》尤其是它的前58章，翻译得较好，基本上传达了作者的意图，中文也较流畅，文章值得商榷之处不多，平均每章在5处以下。第一部的第59~71章，即后13章和第二部《思宫街》的前36章，翻译上存在一些问题，值得商榷处为平均每章18处，有些译文找不到出处，不少原文被译得似是而非，不仅是稍微复杂一些的句子译得不太准确或有差错，就连一些短句的准确性也有问题。从第一部后13章到第二部前36章共532页，几乎占全书的百分之四十。第二部后8章值得商榷处有了大幅度减少。第三部《甘露街》，给我的印象是译者的语感较好，翻译亦较通顺，但是一些小处注意不够，可以商榷的地方也不少。"[1]对于上海译本，杨乃贵先生显然认为它比湖南译本要好一些，但是也存在值得商榷的地方，他指出第一部《两宫间》译得最好，值得商榷的共100多处，第2部《思慕宫》220余处，第三部《怡心园》270余处。不得不说，杨乃贵先生这种精益求精的精神和大胆的批判精神难能可贵，显然是有益于阿拉伯文学翻译的。话说回来，杨乃贵先生对有些译文也有苛求的地方，不能以自己的理解和翻译作为标准答案来衡量其他人的译文。翻译这项工作毕竟是见仁见智的一件事情，一般认为翻译没有标准答案，只要译文没有明显背离原文的内涵，没有偏离"信"的真实原则，就是可以接受的。

---

[1] 张洪仪，谢杨主编：《大爱无边：埃及作家纳吉布·马哈福兹研究》，宁夏人民出版社，2008年，第250页。

# 马哈福兹研究趋势

2021年8月份在知网上以"马哈福兹"为关键词进行搜索,得到的结果是227篇,其中标题含有"马哈福兹"或"纳吉布·马哈福兹"和他的作品名称的论文与文章数目是128篇,由于知网所能搜索到的论文和文章还不包括一些论文集和集刊,且早期报纸杂志上的文章也无法实现搜索,因此,关于马哈福兹研究的论文和学术文章的数量还要超过这个数目。相比其他的诺贝尔文学奖作家的研究来说,国内对马哈福兹的研究是比较少的,但对阿拉伯文学研究来说,马哈福兹无疑是被研究得比较多的,仅次于对《一千零一夜》的研究(相同时段在知网搜索《一千零一夜》,文章数目为638篇)和纪伯伦的研究(相同时段在知网搜索"纪伯伦",文章数目为502篇)。相比东方国家其他几位诺奖得主的研究情况,泰戈尔4212篇,川端康成2649篇,大江健三郎1282篇,马哈福兹的研究更是远远落后。泰戈尔和川端康成的获奖时间比马哈福兹要早得多,但是大江健三郎是1994年获奖,比马哈福兹获奖时间(1988年)要晚6年,这也说明了马哈福兹作为诺贝尔文学奖获得者,还没有得到中国读者和研究者足够的重视。

从研究马哈福兹的历史来考察,大概在20世纪50年代,马哈福兹就已经进入中国读者和学者的视野了。根据葛铁鹰先生在《天方书话——纵谈阿拉伯文学在中国》一书中的考证,《读书月报》1956年第9期曾刊出一篇苏联学者波瑞索夫在《新时代》发表的文章《阿拉伯国家的作品与作家》,该文译者吴馨亭在译文中将一个阿拉伯作家的名字译为"纳吉·玛赫夫斯",之后的文本中提到纳吉·玛赫夫斯的作品描写"埃及家庭中三代人的生活的小说",很显然这是指马哈福兹的开罗三部曲,由此我们也可以判断此"纳吉·玛赫夫斯"便是我们现在通行所译的"纳吉布·马哈福兹",因吴馨亭是从俄文转译,故与我们当下从阿拉伯文直接翻译的纳吉布·马哈福兹有些微出入。两年后,即 1958 年,林兴华在《文艺报》上发表了一篇译文,是伊拉克学者所写的文章《反帝的文学,战斗的文学!——阿拉伯现代文学概括》,译文中提到"小资产阶级的文学家""乃芝布·买哈福子",显然也是马哈福兹。①林兴华是有阿拉伯语的语言基础的,所以他从阿拉伯语直接翻译的这个名字跟我们现在用的"纳吉布·马哈福兹"还是比较接近的。在马哈福兹之前,国内的外国文学评论界对于埃及文学和阿拉伯文学最为认可的作家是塔哈·侯赛因,而马哈福兹在 20 世纪五六十年代是作为一个阿拉伯文坛"新人"被介绍进来的。塔哈·侯赛因对马哈福兹的高度评价赢得了中国学界对马哈福兹的关注。1958 年 10 月,苏联学者舒斯捷尔的文章《谈阿拉伯文学》被落英翻译成中文发表,其中援引了塔哈·侯赛因对"纳吉布·马赫夫兹"的评价,称其作品是"最好的埃及小说之一"。②

---

① 参见葛铁鹰:《天方书话——纵谈阿拉伯文学在中国》,首都师范大学出版社,2007 年,第 200~203 页。
② 转引自葛铁鹰:《天方书话——纵谈阿拉伯文学在中国》,首都师范大学出版社,第 202~203 页。

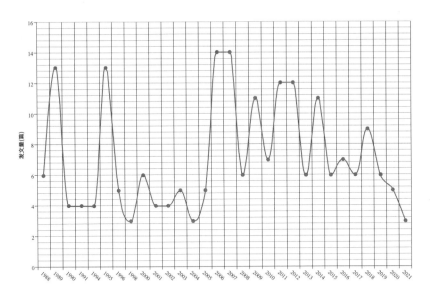

马哈福兹研究论文发表趋势图

数据来源于知网,2021年8月。

  从有关马哈福兹研究论文发表的趋势来看,有几个小高峰,第一个小高峰是 1989 年,这显然是因为马哈福兹于 1988 年度获得了诺贝尔文学奖,引起了国内的关注;第二个小高峰是 1995 年,很可能跟 1994 年马哈福兹遇刺有关;第三个小高峰是 2006~2007 年,这与马哈福兹逝世于 2006 年有关;第四个小高峰是 2011~2012 年,恰逢马哈福兹 100 周年诞辰(马哈福兹出生于 1911 年)。

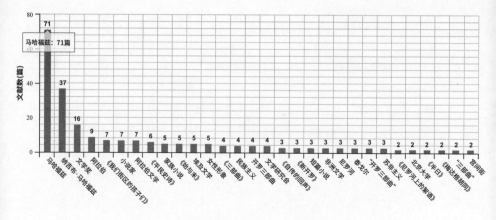

马哈福兹研究论文主题分布图

数据来源于知网，2022年5月6日。

从马哈福兹相关的研究主题分布来看，笔者2022年5月6日以"马哈福兹"主题检索得到的结果是214篇。其中以作家本人名字作为主题的数量最多，其中冠以"马哈福兹"的有71篇，占全部篇数的30.60%，冠以"纳吉布·马哈福兹"主题的篇数是37篇，占总数的15.95%，这两项加起来就占了将近一半。以马哈福兹的作品作为主题的论文，表面上看是其后期代表作《我们街区的孩子们》最多，总共7篇，占3.02%；但实际上把《三部曲》、开罗三部曲和"开罗三部曲"合起来，则为9篇，超过《我们街区的孩子们》，实际上还应该加上《宫间街》2篇，合起来是11篇，可见中国的研究者还是更加重视他的前期代表作开罗三部曲，这和阿拉伯评论界对马哈福兹代表作的认定意见是比较一致的。除了这两部作品以外，其他被作为主题来研究的作品还有《平民史诗》《始与末》《自传的回声》《新开罗》

《尼罗河上的絮语》《半日》和《梅达格胡同》等。从思想内容来看，学者们比较关注的是马哈福兹对于民族主义和苏菲主义的思考，但有关苏菲主义的研究也不完全是从思想方面去考察，有的也有对苏菲主义文学作为一种风格的探析。另外一个比较突出的研究主题是女性形象，这方面的研究有的侧重于妇女权益和男女平等的考量，有的则侧重于形象塑造，关注的是马哈福兹的创作艺术。

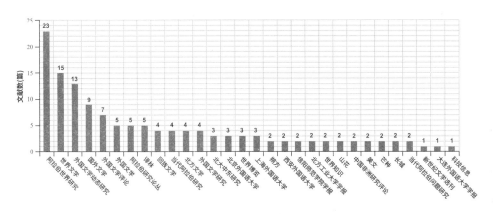

马哈福兹研究论文的文献来源图

数据来源为知网，2022年5月6日。

从发表的期刊来看，篇数最多的是《阿拉伯世界研究》，共23篇，占总数的17.04%，这跟刊物本身的定位有很大关系。其实这个数目还是少了，本来应该有更多的论文在这个刊物上发表。但由于后来《阿拉伯世界研究》从原刊名《阿拉伯世界》改版以后，刊物的方向也发生了很大的变化，主要转向发表阿拉伯政治和经济方面的论文，文学方面的论文基本就很少见了。让人感到欣慰的是，有比较多的论文发表在外国文学类核心期刊（CSSCI 来源期刊）上，《外国文学动态研究》《国外文学》《外国文学评论》《外国文学》和《外国文学研究》等核心期刊都发表了 4 篇以上，这一方面是由于马哈福兹本身的价值得到各个外国文学类核心期刊的认可，另一方面也说明国内的阿拉伯文学领域的学者在研究马哈福兹方面下的功夫比较多。在外国文学类核心期刊上，阿拉伯作家及其作品的研究方面可以拿来跟马哈福兹研究相比的，大概也只有纪伯伦研究了，其他阿拉伯作家的研究在核心期刊的发表上基本无法与其相比。另外值得一提的是《北大中东研究》是 2016 年新创刊的集刊，却发表了 3 篇有关马哈福兹的研究论文，占总数的 2.22%。

# 从经典的建构到马哈福兹研究的全面展开

对马哈福兹的研究,王鸿博认为有一个经典建构的过程,最具代表性的是中国人编撰的外国文学史中将马哈福兹专门列为一节,最早以专节介绍马哈福兹的是1998年朱维之等主编的《外国文学简编》(中国人民大学出版社)修订版,在该书中编写者将马哈福兹的开罗三部曲认定为作家最具代表性的作品,并指出这是"马哈福兹现实主义文学的高峰,也是阿拉伯现实主义文学的高峰"。[①]王鸿博认为这一观点对后来国内的文学史书写和相关研究有着长久的影响。[②]随后,郑克鲁主编的《外国文学史》在第三章"近现代亚非文学"中也专节介绍了马哈福兹。当然涉及范围小一点的《东方文学史》则在更早的时间已经把马哈福兹列为专节了,比如1995年吉林教育出版社出版的季羡林主编的《东方文学史》。

高慧勤、栾文华主编的《东方现代文学史》(海峡文艺出版社1994年)则列出专章来撰写马哈福兹,不像有的外国文学史,基本只是简单介绍马哈福兹的生平与创作并做简单的评述,而是较为系统地对马哈福兹的创作进行了介绍。而在仲跻昆编写的《阿拉伯现代文学史》(昆仑出版社2004年11月)、《阿拉伯文学通史》(译林出

---

① 郑克鲁主编:《外国文学史(下)》,高等教育出版社,1999年,第354页。
② 王鸿博:《中国的那哈福子经典建构:回顾与反思》,《北方工业大学学报》,2014年第2期,第69页。

版社 2010 年 11 月）和《阿拉伯文学史》（四卷本）（北京大学出版社 2020 年 6 月）等有关阿拉伯的文学史中对马哈福兹的介绍和研究不仅占据了更多的篇幅，而且在某些方面特别是对其代表性作品进行颇有深度的分析，让中国读者更多了解这位诺贝尔文学奖得主的文学成就。

更多体现马哈福兹研究成果的还是学术性论文。比较突出的是一本专门研究马哈福兹的论文集《大爱无边：埃及作家纳吉布·马哈福兹研究》，这也是迄今为止国内有关马哈福兹研究唯一的一部论文集。该论文集实际上是 2006 年北京第二外国语大学阿拉伯语系为马哈福兹专门编纂的一本纪念文集。时任中国外国文学学会阿拉伯文学研究分会会长的仲跻昆教授在序言中写道："呈现在诸位面前的这本论文集是我们阿拉伯文学研究会会员历来有关马哈福兹及其著作的论文的一部分。现选编成集，是对前年（2006 年）逝世的马哈福兹的一种祭奠，也是去年（2007 年）纪念我们外国文学学会阿拉伯文学研究分会成立 20 周年的献礼。"[①]该论文集收集的论文和文章，或研究马哈福兹的生平与创作，或对马哈福兹的某一部作品进行研究，或分析马哈福兹作品中所表现的主题与思想，或研究马哈福兹创作的风格，还有对马哈福兹研究与翻译的综述，还收录了几篇翻译的评析文章。该论文集成为后来许多马哈福兹研究者重

---

① 张洪仪、谢杨主编：《大爱无边：埃及作家纳吉布·马哈福兹研究》，宁夏人民出版社，2008 年，第 6 页。

要的参考。该论文集中的论文作者基本上都是阿拉伯语专业出身的，优势在于阿拉伯语原文材料的占有，对阿拉伯社会状况的了解，对阿拉伯文化的熟悉。

但其实一些中文专业出身的学者在学术期刊上发表的马哈福兹研究论文也很有深度，有较高的理论水平。比如史锦绣的论文《马哈福兹的"政治文学"》，是国内最早从政治文学的角度去研究马哈福兹作品的。该文认为，马哈福兹的创作以政治为"核心轴"，以对人民的责任感和对真理的信念，构建了他的"政治文学"体系，从历史、现实、未来三个层面的相互联系中提出了自己的社会理想：建立一个"自由、平等"，"公正而全面和平"的人类社会。其整体创作充满了对邪恶的批判，对正义的追求，对人类命运的思考，体现出造福于人类的崇高思想。[①]一位中文专业的硕士研究生焦丽兰曾从一个非常独特的视角研究了马哈福兹后期的代表作《我们街区的孩子们》，其论文以 A.J.格雷马斯符号矩阵理论为切入点，分析了《我们街区的孩子们》的叙述结构，以作品中的人物和情节确立秩序与反叛的二元对立项，并相应推出辅助故事情节发展的非秩序与非反叛两项义素，从而发现马哈福兹的这部作品之所以颇多争论，其原因就在于作家本人固有的宗教与科学的价值观与文本中可被多维度解读的宗教科学观之间存在矛盾。论文指出："小说的争议性源于文本的多义性，阿拉法

---

① 参见史锦绣：《马哈福兹的"政治文学"》，《外国文学研究》，2006 年第 6 期，第 146~152 页。

特这个人物的争议性导致了解读的多样性。"①

正是国内懂阿拉伯语的研究者和中文专业出身的研究者这两支研究队伍的共同努力,促进了马哈福兹研究的发展和深化。这些学者从各个角度对马哈福兹及其作品展开研究,有的论文着重于马哈福兹思想和内容的研究,如林丰民的《公平正义与社会秩序的重构——重新解读马哈福兹的〈我们街区的孩子们〉等小说》(《国外文学》2014年第4期)、蒋婧的《马哈福兹〈新开罗〉对畸形社会的批判》(《阿拉伯研究论丛》2019年第2期);有的从语言学的角度研究马哈福兹的作品,如唐雪梅、马吉德的《纳吉布·马哈福兹小说〈始与末〉语言风格研究》(《西安外国语大学学报》2013年第1期);有的从小说艺术形式方面对马哈福兹进行研究,如赵建国的《纳吉布·马哈福兹小说的现实主义》(《阿拉伯世界》1990年第1期);有的从传播的角度研究马哈福兹,如葛铁鹰的《纳吉布作品在英美的译介》(《阿拉伯世界》1996年第1期)、丁淑红的《诺奖得主马哈福兹在中国的接受与影响研究》(《外国文学研究》2014年第6期);还有的从比较文学的角度进行研究,如罗田的《马哈福兹与川端康成小说空间艺术比较》(《外国文学欣赏》1989年第3期)、刘清河的《历史命运和文化精神的投影——〈百年孤独〉与〈平民史诗〉对读》(《汉中师院学报(哲学社会科学版)》1993年第1期)、余

---

① 焦丽兰:《〈我们街区的孩子们〉的符号矩阵分析》,《世界文学评论》,2012年第1期,第248页。

嘉的《前后喻文化视域中的马哈福兹与巴金的家族小说之比较》(《广西师范大学学报（哲学社会科学版）》2000年第1期)、陆怡玮的《殊途同归的两位文化巨人——简析巴金与马哈福兹的家族小说》(《文艺理论研究》2009年第6期)等。

有关马哈福兹的比较文学视角的研究反映了国内学者较为广阔的学术视野。有的论文将马哈福兹和中国作家进行比较，有的则将马哈福兹和其他国家的作家进行比较。宗笑飞的论文《幻象旁通：〈平民史诗〉与〈百年孤独〉》将马哈福兹的代表作之一《平民史诗》和哥伦比亚作家马尔克斯的代表作《百年孤独》进行了比较研究。尽管这两位作家和这两部作品都没有交集，更确切地说，两者之间并没有影响关系，但是论文作者指出，两部作品实际上都受到《一千零一夜》的影响。但论文作者并没有停留在这一共同点上，而是对两者在象征和幻象方面的触类旁通以及作品中表现出来的各自民族的集体无意识进行了重点的分析："无论是心理攸同的耦合，还是触类旁通的神秘、若即若离的艺术通感或间接互文，二者都有美美与共的幻象旁通和源远流长的史诗气派。尤为重要的是，它们的笔触从社会底层伸出，又直抵民族的集体无意识，展示了深切的现实和人文关怀。"[①]

不过比较文学视角的马哈福兹研究更多的还是在于马哈福兹同中国作家的比较研究。最早将马哈福兹与鲁迅进行比较的是曾在北京师

---

① 宗笑飞：《幻象旁通：〈平民史诗〉与〈百年孤独〉》，《东吴学术》，2020年第5期，第76页。

范大学就读的约旦学生尤素福·哈塔伊拜（Yusuf Khatayibah）的博士学位论文《矗立在世界东方的两位文化巨人——鲁迅和马哈福兹文化思想的比较》（指导教师：王富仁，北京师范大学，1999），着重分析了马哈福兹和鲁迅这两位伟大的作家在其"西方观""革命观""妇女观"和"知识分子观"等四个方面的异同，认为马哈福兹和鲁迅虽然属于不同的民族和国家，生活在不同的时代，有着迥异的生活经历，受到了不同的文化浸染，作品各有特色，但他们的心灵是相通的，都对邪恶与黑暗势力进行了深刻的揭露和大胆的抨击，表达了对善与美的追求、对自己民族乃至整个人类命运的关注，都善于吸收外来文化和文学思想的优秀成分，同时努力继承本民族的传统文化和文学遗产，熔成一炉，终至获得巨大的成就。

笔者注意到国内有些学者从比较文学的角度研究阿拉伯文学还不是很成熟，比如有一篇论文《论纳吉布·马哈福兹三部曲〈两宫之街〉的讽刺艺术——与鲁迅、钱钟书讽刺手法比较》，也是试图从比较文学的角度来进行分析，初看题目很吸引读者，但仔细看论文的内容，发现作者在文中仅仅是对马哈福兹、鲁迅、钱钟书作品中存在讽刺艺术以及讽刺的不同手法进行简单的类比，而并没有从讽刺的思想内容进行深入的比较分析。这一类的比较研究多数还停留在浅层次。

在比较研究方面比较深入的是《中国文学与阿拉伯文学比较研究》专著中由薛庆国所撰写的第五章内容，该章从"家"的文化和人物形象的象征意义比较了马哈福兹《宫间街三部曲》（即开罗三部曲）与巴金《激流三部曲》的异同，并且分析了中埃两位文学巨匠的小说写作艺术。

除了学术论文之外，还有一部分硕士研究生和博士研究生论文不仅丰富了国内马哈福兹研究的内容，而且也为国内培养了一些阿拉伯语言文学领域的教学和研究的人才。如倪颖的《阿拉伯现实主义小说的里程碑：论纳吉布·马哈福兹的〈三部曲〉》（指导教师：仲跻昆，北京大学，2006年）、蒋和平的《理想与现实之间：论纳吉布·马哈福兹的〈我们街区的孩子们〉》（指导教师：仲跻昆，北京大学，2006年）、谢杨的《马哈福兹小说语言风格研究》（指导教师：国少华，北京外国语大学，2006年）、陆怡玮的《"思想式写作"造就的得与失：从叙述学的角度初探〈三部曲〉的杂糅性》（指导教师：陆培勇，上海外国语大学，2007年）、田露露的《马哈福兹"三部曲"的叙事学研究》（指导教师：周烈，北京外国语大学）和吴昊的《纳吉布·马哈福兹小说语言中的隐喻构建与解读》（指导教师：国少华，北京外国语大学，2012年）等。这些论文作者后来大多成为高校阿拉伯语专业的骨干教师，有的还在继续进行马哈福兹的相关研究。

## 有关马哈福兹的学术活动

1987年,中国的阿拉伯文学研究学者和阿拉伯文学爱好者建立了中国阿拉伯文学研究会,后成为中国外国文学学会的阿拉伯文学研究分会,在研究会成立的会议上讨论的主题有两个,一个是《一千零一夜》,另一个就是马哈福兹。据研究会前会长仲跻昆回忆,从1987年研究会成立,到2008年国内出版第一本马哈福兹研究论文集的时间段里,至少有三次研讨会专门将马哈福兹及其著作列为研究的主题。①

2006年11月,在北京大学承办的中国外国文学学会阿拉伯文学研究分会2006年学术研讨会上,有一个主题是专门针对马哈福兹进行研讨的,多位学者分别以《纳吉布·马哈福兹的创作道路》《马哈福兹"三部曲"中的女性人物》《〈我们街区的孩子们〉之创作手法分析》和《马哈福兹作品中的时间和空间》为题进行发言和讨论,以此来纪念马哈福兹。②

2012年3月29日,"纳吉布·马哈福兹百周年诞辰纪念会"在北京大学民主楼隆重举行,北京大学国际合作部副部长郑如青教授、

---

① 参见仲跻昆:《〈大爱无边:埃及作家纳吉布·马哈福兹研究〉序》,见张洪仪、谢杨主编:《大爱无边:埃及作家纳吉布·马哈福兹研究》,宁夏人民出版社,2008年,第5页。
② 参见徐雯:《中国阿拉伯文学研究会2006年学术研讨会综述》,《国外文学》,2007年第1期,第125页。

埃及驻华大使艾哈迈德·里兹克先生、中国阿拉伯文学研究会副会长薛庆国教授、埃及使馆文化参赞穆罕默德·贾比尔·阿布·阿里教授出席纪念会并致辞。纪念会由北京大学外国语学院阿拉伯语言文化系、埃及驻华使馆文化教育科学处、中国阿拉伯文学研究会和中国对外友好协会联合主办。来自北京大学外国语学院阿拉伯语系的师生及各兄弟院校的阿拉伯语专业教师和学生代表,阿拉伯文学爱好者100余人参加了纪念会。时任北京大学阿拉伯语系副主任、现任中国外国文学学会阿拉伯文学研究分会会长林丰民教授主持了纪念会。郑如青副部长在致辞中表示,举行纳吉布·马哈福兹纪念活动旨在促进中埃两国文化教育交流,为阿拉伯文学和文化在华传播建立起新的桥梁。艾哈迈德·里兹克大使表示,推动中埃文化与教育领域合作具有重要意义,此次活动只是一个前奏,并希望有更多的中埃两国大学、研究机构积极开展人文教育领域的交流与合作。同时,他对在马哈福兹研究领域做出突出贡献的学者们表示由衷的感谢,他们不仅传播了马哈福兹的作品和思想精髓,更促进了中埃两国文化间的相互了解与交流,增进了两国之间的友谊。

埃及驻华使馆文化参赞肯定和表彰中国学术界对推动中阿双方文化领域的交流发展作出的积极努力和杰出贡献,感谢曾翻译或研究过马哈福兹先生文学作品的中国学者,并为仲跻昆、林丰民、陆孝修、冯左库等27位从事研究、翻译纳吉布·马哈福兹作品的中国学者颁发了获奖证书和奖品。阿拉伯语文学研究者、爱好者们各自畅怀,抒发了对马哈福兹的景仰与怀念,高度评价了马哈福兹文学作品的历史与现实意义。仲跻昆回忆起当年在埃及开罗大学留学时，初次见到马哈福兹先生的情景，一代文豪虚怀若谷、谦逊内敛的性格和渊博的文化知识使他印象深刻。在为期三天（3月27日至29日）的纪念活动中，北京大学阿拉伯语系、外国语学院学生会、埃及使馆文化处还共同在北京大学展映了由马哈福兹创作的小说改编的电影《卡尔纳克咖啡馆》《梅达格胡同》《小偷与狗》，400余名北京大学师生以及校内外的阿拉伯文化爱好者观看了影片，同时还展出了马哈福兹作品阿拉伯文原著和中文译本以及相关图片。

在马哈福兹110周年诞辰之际，北京大学外国语学院阿拉伯语系、中国外国文学学会阿拉伯文学研究分会、埃及驻华大使馆文化处于2021年12月12日联合主办"阿拉伯文学研究分会2021年会暨纳吉布·马哈福兹诞辰110周年纪念专题研讨会"。埃及驻华大使穆罕默德·巴德里出席研讨会开幕式并致辞。巴德里大使在开幕式发言中表示，马哈福兹留下的文学遗产超越了时间与地域，搭建了沟通中西的桥梁，给世界各地的读者以启示。巴德里肯定了中埃两国学者在学术研究和翻译领域的贡献，深化了两国的友好交流合作关系。在此次研讨活动期间，还举办了马哈福兹汉译作品展览，大使还为获得"埃及文学翻译与研究奖"的学者颁奖。[①]

最后要提一下，对马哈福兹研究的综述文章已经有过3篇，最早

---

[①] 参见《纳吉布·马哈福兹诞辰110周年纪念专题研讨会在北京大学举行》，2021年12月14日。https://news.pku.edu.cn/xwzh/b235f64d79a84e77bc4b3bfda02ca2ed.htm。

的一篇是丁淑红发表于 2009 年的《中国的纳吉布·马哈福兹研究掠影》，中国的马哈福兹研究成果以时间为纵向脉络，以整体性研究、个案性研究和比较性研究为横向铺陈，并对在研究视角、方法和深入程度有新意的成果进行重点评述。[1]第 2 篇是王鸿博发表于 2014 年的《中国的马哈福兹经典建构：回顾与反思》，从对马哈福兹作品的翻译和研究两个方面梳理了马哈福兹在中国的接受史，指出马哈福兹在中国的接受可以描述为 1980 年以前的初步介绍期，1980~1999 年的经典建构期和 2000 年以后的后经典化时期，具体表现为"再经典化"和"去经典化"的双层文化运动，并指出马哈福兹经典化的继续拓展需要调动学术体制内外资源，重新促进双层运动的正向摩擦，创造良好的文学生态。[2]第 3 篇是仲跻昆发表于 2015 年的《新中国 60 年马哈福兹小说研究之考察与分析》，以 1979 年为界，梳理了从 1949 年到改革开放 30 年间的研究情况和改革开放之后 30 年时间里的马哈福兹研究，并且重点梳理了对马哈福兹代表作的研究情况。[3]

---

[1] 丁淑红：《中国的纳吉布·马哈福兹研究掠影》，《外国文学》，2009 年第 2 期，第 71~77 页。
[2] 王鸿博：《中国的马哈福兹经典建构：回顾与反思》，《北方工业大学学报》，2014 年第 2 期，第 67~73 页。
[3] 仲跻昆：《新中国 60 年马哈福兹小说研究之考察与分析》，《北大中东研究》，2015 年第 1 期，第 69~83 页。

# PART 4

## 马哈福兹经典名段摘录

不要去纠正一个蠢蛋，因为他会讨厌你；但请纠正一个智者（哲学家），因为他会赞赏你。（马哈福兹语，林丰民译）[1]

لا تصحح للأحمق لأنه سيكرهك، لكن صحح للحكيم لأنه سيقدرك.

生命中最为美丽的，是一颗心，生命为之讲述其所欲。

أجمل ما في الحياة، قلباً تحكي له ما تشاء.

问题终结于一句话：谁拥有力量，谁就拥有一切！

المسألة تتلخص في كلمة واحدة: إن من يملك القوة يملك كل شيء.

我问迷路的谢赫阿卜杜·拉比希：我们所遭遇的灾难会如何终结？他回答道：如果我们走出来的时候平平安安，那是仁慈；如果我们走出来的时候，命都没了，那是公正。

سألت الشيخ عبد ربه التائه: كيف تنتهي المحنة التي نُعانيها؟ فأجاب: إن خرجنا سالمين فهي الرحمة، و إن خرجنا هالكين فهو العدل.

---

[1] 无特别注明的情况下，所引名句均为作者自译。

没有一样东西会被遗忘，也没有一样东西会永存！

لا شيء يُنسى ولا شيء يَبقى.

你一生中最大的成就往往是，尽管你的周围被无数的愚人所包围，你依然保留着智慧的力量，依然品德高尚。

أحياناً يكون أقوى إنجازاتك بالحياة هو أنك مَازلت بِقواك العقلية، ومَازلت تتعامل بأخلاق، مع أنك مُحاط بكمية لاتُحصى مِن الحَمقى.

愚蠢的巅峰是人一辈子活在悲伤中，为的是让另一个人过得幸福满满。

قمة الغباء أن يعيش الإنسان حياته حزين لأجل شخص يعيش بكل سعادة.

仅仅因为你错过了，人们竟忘记了你有一天曾经美妙无比。

بمجرد أنك تُخطىء، سينسى الناس أنك كنت رائعاً يوماً ما.

最可怕的事情，是他们中有人公开虐待你，然后悄悄地向你道歉。

أكثر الأشياء وجعاً، أن يظلمك أحدهُم جَهراً، ويَعتذر لك سِراً.

什么是阴谋？一个人站在我们面前，自称是领袖，手里握着一把枪。

ما الحيلة ؟ أمامنا رجلٌ يدعي الزعامة وفي يده مسدس.

关上那扇伤害你的窗户，无论看到的风景有多美丽！

أغلق النافذة التي تؤذيك مهما كان المنظر جميلاً.

我们所有人都会死去，我的意思是说死亡是最可怕的，没有比死亡更可怕的了，只要你活着，死神总会追上你。

كلنا صائرون إلى موت، إنما أعني موت أفظع، ليس ثمة ما هو أفظع من الموت، ثمة موت يدركك وأنت حي.

难道生命会像从前一样流逝？没有一样东西是一成不变的。

أيمكن أن تمضي الحياة كما كانت؟ لا شيء يكون كما كان.

逃离困难并不会让困难消失，但它有时会让人忘掉它的痛苦折磨，以便它回来的时候比原来更可怕。

إن الهروب من المتاعِب لا يُذهبها، ولكنه ينسى عذابها إلى حين، كي تعود أفظع مما كانت.

视觉会骗人，听觉会骗人，但是心儿，永远也不会欺骗。

إنَّ البصر يخدع، والسمع يخدع، أما القلب فلا يخدع أبدا.

那些因为距离极近而让我们喜欢的人啊，我们感觉你是在用心在参与他们的事情。

الذين نحبهم من شدة قربهم نشعر أنك تشاركهم القلب نفسه.

教师拥有最伟大的职业，因为所有其他的职业都从他的手里产出。

يمتلك المعلم أعظم مهنة، إذ تتخرج على يديه جميع المهن الأخرى.

---

真正爱你的人，他关心你，只有你一切都好他才放心，而不是让你感到他对你的关心。

من يحبك حقاً، يهتم بك! ليطمئن قلبه أنك بخير، وليس ليشعرك بأنه مهتم بك.

---

善待那些善待你的人，每个人都能做到这一点，但善待那些对你不好的人，只有伟人能做到。

أن تُحْسِن لِمَن أحسنَ إلَيْك الكُلُّ يستطيع ذلِك، لَكِن أن تُحْسِن لِمَن أسَاء إلَيْك ذَلِك لا يستَطِيع فِعْلهُ إلا العُظَماء.

---

宽容是力量的最高等级，而喜欢复仇则是懦弱的第一表现。

التسامح هو أكبر مراتب القوة، وحب الانتقام هو أول مظاهر الضعف.

我因瞧不起过去而获得新生。

إني أحتقرُ الماضي وأولدُ من جديد.

厚颜无耻是你一边微笑着和我说话,一边吃着我的肉,直到你口干舌燥;而轻蔑则是我明明知道这一切,还对你微笑。

الوَقاحَة هِي أنْ تحَدّثني وتبتَسِم لِي وَقَد أكلْت من لَحمي حتَّى جفّ لسَانك،
والإستِهانة هِي أن أعْلم بكلِّ ذَلك وأبتَسم لَك.

我们为了爱情而谴责我们的生命与死亡。

ندين للحب بحياتنا وبموتنا أيضاً.

有一些人的心否定美的事物,因为它有了替代品;而另外一些人的心则拒绝替代品,无论它有多美。

هُناك قلوب تُنكر الجميل عند وجود البديل، وهُناك قلوب ترفض البديل مَهما كان جميل.

他们选择了话语,正如他们选择自己的衣服。话语也是一种优雅。

اختاروا كلماتكم كما تختارون ملابسكم ، فالكلام أيضاً أناقة.

眼里满满都是你的那双眼睛,绝对不会去看别人,无论你在还是不在。

العين التي تمتلئ بك ، لن تنظر لغيرك ، حاضراً كنت أو غائباً.

生活中最重要的一课,是不要伤心过度,无论受到的打击有多大。

أهم درس في الحياة ، ألا نحزن أكثر مما ينبغي مهما يكن المصاب.

话语无法制造的东西,也许沉默能制造出来;亲近无法疗治的,或许疏远能够治愈。

قد يصنع الصمت ما لا يصنعه الكلام ، وقد يعالج البعد أموراً لم يستطع القرب علاجها.

我不是最好的人，但我拥有一颗不喜欢伤害任何人的心。

لست أطيب شخص، ولكن أملك قلباً لا يحب أن يجرح أحداً.

我们被创造出来，并不是为了永垂不朽，那么，就请为你死后的灵魂留下一个美好的痕迹吧。

لم نخلق للبقاء، فاصنع لروحك أثراً طيباً يبقى من بعدك.

无论我们多大了，我们的心还是像儿童一样，需要关怀。

مهما كبرنا، تبقى قلوبنا كالأطفال، تحتاج الاهتمام.

不要因为你的善良和对别人的美好想象而悲伤，如果大地上没有人有能力做到，那么在天上一定有人能给予祝福。

لا تحزن على طيبتك وحسن ظنك بالآخرين، فإن لم يوجد في الأرض من يقدرها ففي السماء من يباركها.

女性不喜欢不亲不疏的关系，要么拥有一切，要么什么也不要。

الأنثى لا تحب التوسط في العلاقة ، إما أن تكون لها كل شيء أو لا شيء.

爱情中如果没有忠诚、真诚和一点点的疯狂，那就毫无意义。

لا معنى للحب دون اخلاص ، صدق ، وقليل من جنون.

因为你极度忍耐，他们便以为你毫无感觉。

لأنك شديد الصبر ، ظنوا أنك لا تشعر.

喧嚷是灵魂的癌症。

الضجر هو سرطان الروح.

假如，你的在场与你的缺席相似，那么，还是离开吧！

إذا تشابه حضورك مع غيابك ، ارحل.

你们应该顺服、忍耐，生活并不总是公正的。

عليكم بالقناعة والصبر، فالحياة ليست منصفة دائماً.

也许你诉怨良多，却不知别人盼望着过上你的生活。

ربما تشكي ولا تدرك أن آخر يتمنى أن يعيش حياتك.

如果你伤害了某个人，而他一直保持沉默，那么，你要清楚他是在惩罚你，比话语还要冷酷。

إذا جرحت شخصا وطال صمته، تأكد بأنه يعاقبك عقاباً أقسى من الكلام.

---

全世界温暖的怀抱聚集在一起，也不足以让你感到安全，既然你没有在内心拥抱自我，那么，为了你自己，就同伤害你的人和你的伤口和平相处吧。

لن يكفيك دفء أحضان العَالم مجتَمعة لتَشعر بالأَمَان، مَا لم تحتَضن نفسَك مِن الدَّاخل، كُن مسالما مع جوارحك وجُروحك لأجْلك.

我对世人的尊重并不意味着我需要他们,那只不过是我所受教养的一个原则罢了。

احترامي للناس لا يعني أني بحاجة إليهم ، مجرد مبدأ تعلمته من تربيتي.

不要以貌取人,也许一件贫困的斗篷下,隐藏着一颗富有的心。

لا تحكم بالمظاهر ، قد يكون هناك قلب غني تحت معطف فقير.

不要担心众人吃亏,在你试图造福所有人的时候,倒该担心你自己吃亏了。

لا تخشى خسارة الأشخاص ، ولكن عليك أن تخشى خسارة نفسك وأنت تحاول إسعاد الجميع.

为了让别人有所获得,请不要亏待了你自己。

لا تخْسر نفسَك من أجل أن تكسب غيرك.

在你应该过着生命中最美好日子的时候,你承载着与你的年龄不相适应的忧愁,那是非常糟糕的。

سيء جداً أن تحمل هموم ليست مناسبة لسنك ، في وقت من المفترض أن تعيش أجمل أيام حياتك.

他们在虚妄中犯下罪过,而你心灵纯洁,衣食无忧,毋庸自扰。

هم على ظنونهم يؤثمون ، وانت على طهارة قلبك تُرزق ، فلا تبالي.

当你做坏事的时候,你的善意与我无关;只要你口舌伤人,我便对你丝毫不感兴趣,哪怕你的灵魂有多么美丽。

لا علاقة لي بنواياك الحسنة حين تكون أفعالك سيئة ، ولا شأن لي بجميل روحك ما دام لسانك مؤذياً.

无论你对人有多么信任,还是把秘密留给你自己吧。

مهما وثقت في الناس ، أترك أسرارك لنفسك.

抱怨是人类共同的语言。

الشكوى هي لغةُ الإنسانِ المشتركة.

善良的人不会伤害任何人，但他们伤害自己良多而不自觉。

الطيبون لا يؤذون أحداً ، لكنهم يؤذون أنفسهم كثيراً وهم لا يشعرون.

如果你已经承诺，那么就要真诚守信，如果你无力履行你的诺言，就不要许下诺言，别人只因为你的一句话就建立起庞大的梦想。

كن صادقاً في وعدك ، فإن لم تستطع أن تفي بوعدك فلا توعد ، فغيرك يبني أحلامه على كلمة منك.

不要期待任何一件事情，那么你将看到你周围的都是最美好的形象。

لا تتوقع شيئاً من أحد ، وسترى كل من حولك بصورة أجمل.

谁习惯了让周围的人快乐，那就没有人感觉到他的悲伤。

من اعتاد أن يسعد من حوله ، لا أحد يشعر بحزنه.

不要冒险去欺骗一个女人，请相信她直觉的力量。

لا تجازف بالكذب على امرأة ، تؤمن بقوة إحساسها.

有些人把爱赠予你，尽管你没有馈赠他任何东西；有些人给你以痛苦，尽管你馈赠他一切。

بعضهم يهديك الحب دون أن تهديه أي شيء ، وبعضهم يهديك الألم بعد أن تهديه كل شيء.

成熟就是你今天知道了你昨天行为的幼稚。

النضج هو أن تدرك اليوم سذاجة تصرفك بالأمس.

你值得拥有全部，就不要只接受一半。

لا تقبل النصف وأنت تستحق التمام.

微笑吧，以之战胜你的绝望！微笑吧，以之增强你的决心！以乐观的精神迎接生命的礼物！

ابتسم لتقهر يأسك ، ابتسم لتقوي عزيمتك ، وتستقبل هبات الحياة بتفاؤل.

我们不仅在灵魂离开我们的时候死亡，在我们日日重复相似的日子之前，我们就已经死去了。当我们什么也没有增加，唯有增长了年龄和岁月的时候，我们就已经停止了改变。

نحن لا نموت حين تفارقنا الروح وحسب، نموت قبل ذلك حين تتشابه أيامنا، ونتوقف عن التغيير، حين لا يزداد شيء سوى أعمارنا وأوزاننا.

如果你们不急着挖洞，就不会失去广场。

لو لم تسارعوا الى الجحور، لما فقدتم الميدان.

时间和关怀，是最美好、最珍贵的东西，也许你会把它们赠予你爱上的一个人。

الوقت والاهتمام، أجمل وأثمن شيء قد تهديه لشخص تحبه.

生活不会给任何人免费上课，当我说生活教会了我的时候，你要清楚：我是付出了代价的。

الحياة لا تعطي دروساً مجانية لأحد ، فحين أقول الحياة علّمتني تأكّد أنني دفعت الثمن.

爱上一个不适合去爱的人并非过错，但是一直爱下去就是愚蠢了。

ليس عيباً أن تقع في حب إنسان لا يصلح للحب ، ولكن الغباء أن تستمر في حبه.

我们生活中的坏人是一种恩惠，要不是他们，我们还认识不到妙人的价值。

السيئون في حياتنا نعمة ، فلولاهم لم نعرف قيمة الرائعون.

你对某人不习惯，那你最好习惯这种不习惯，有一天，岁月会从你这里带走你习惯了的东西。

تعوَّد أن لا تتعوَّد على أحد ما ، فذات يوم ستنتزع الأيام منك ما اعتدت عليه.

小心你们的所作所为，不要伤害那些无过错的心，更不用说她们还真诚地爱着你们。

راقبوا أفعالكم ولا تجرحوا قلوباً لا ذنب لها سوى أنها أحبتكم بصدق.

保留你个性中无聊的那一部分吧，正是这一部分让你无缘无故地大笑，无缘无故地跳起舞来，无缘无故地哭泣，无缘无故地呐喊，无缘无故地爱，无缘无故地恨。

حافِظ على الجُزء التّافه في شخصيّتِك، الجُزء الّذي يجعَلك تضحكُ بلاَ سبَب وترقصُ بلا سبب وتبكي بلا سبب وتصرُخ بلا سبب وتحبّ بلا سبب وتكرهُ بلا سَبب.

在诙谐的话语中，有许多的事实。

في كلام المزاح، كثيرا من الحقائق.

我们呼吸着空气，也呼吸着腐败，那又怎么能期望从沼泽地里为我们走出来一分真正的希望？

أننا نستنشق الفساد مع الهواء فكيف تأمل ان يخرج من المستنقع أمل حقيقي لنا؟!

谨防爱情,那是阴谋。

إحذروا الحب، فهو مكيدة.

我们懂得死亡真正的含义,假如死亡的影子从远方坠落,大地将带着我们旋转。尽管如此,痛苦的扎刺将持续不断,带走一批我们所爱的人,而你也将死去,在你身后留下希望。

نعرف الموت معنى من المعاني، أما اذا هلّ ظله من بعيد فتدور بنا الارض، ومع ذلك فستتوالى طعنات الألم بعدد ما نفقد من الأحبّاء وستموت أنت أيضا مخلفا وراءك الآمال.

理智禁止它的主人拥有轻松憩息的恩惠。

والعقل يحرم صاحبه نعمة الراحة.

当我把自己的时间送给你的时候,是把我生命中无法收回的部分给了你,请求你不要让我后悔。

حين أمنحك وقتي فأنا حينها أمنحك جزء لن أستردﻩ من حياتي فأرجو ألا تجعلني أندم.

思考是一把双刃剑。

التفكير سيف ذو حدين.

当我想起前一年同一时间的自己，我明白了：一年的时间能够改变许多东西。

حين أتذكر ذاتي في نفس التوقيت من العام السابق.. أدرك أن عاماً واحداً يستطيع تغيير الكثير.

智者，就是不经过自己考验就不会随便接受意见的人。

العاقل من لا يسلم برأي حتى يمتحنه.

我们这一代人懂得一切，以嘲讽的眼光透视前几代人的愚蠢。尽管如此，我们还是会以无与伦比的热情犯下微不足道的过失。

نحن الجيل الذي فهم كل شيء، ونظر بسخرية إلى حماقات الأجيال القريبة السابقة، ولازال بالرغم من ذلك، يرتكب ما هو أتفه منها بحماس منقطع النظير.

一定要有点混乱，好让糊涂蛋从他的糊涂中醒来。

لا بد مِن شيء مِن الفوضى كي يَفيق الغافل من غَفلته.

没有任何东西可以和善意画等号，做你想做的事情吧，他们爱怎么想就随他们去吧。

لا شيء يعادل النية الطيبة، افعل ما تشاء واتركهم يفهمونك كما يشاؤون.

当军队统治我们的时候，我们怎么成为一个有文化的民族？

كيف نَكون أمة مُتحضرة والعساكر تَحكُمنا !؟

这个国家，如果理所当然地放置公正的天平，必然是监狱满满，宫殿空空如也。

هذا بلد لو أُقيمت فيه ميزان عدل كما ينبغي لامتلأت السجون وخلت القصور.

如果你不认识我，那就好好想着善待我。

إن لم تعرفني، فأكرمني بحسن ظنك.

我从生活中领悟到：希冀不会来自于一盘黄金，而是需要长久的努力和美丽的忍耐。

تعلمت من الحياة أن الأماني لا تأتي على طبقٍ من ذهب، بل بسعيٍ طويل وصبرٍ جميل.

告诉我，你是用玫瑰水提取出来的吗？

خبريني أأنتِ مستصفاة من ماء الورد؟!

绝望的落水者努力求救，就像可怜的人儿对幸福的梦想，两者都是失落的期望。

إن محاولة الغريق اليائسة للنجاة، أشبه بأحلام الشقي بالسعادة، كلتاهما أمنية ضائعة.

没有尊严，就没有幸福。

لا سعادة بلا كرامة.

以前，我白天是政府职员，晚上才是作家。

كنت موظفاً حكومياً في الصباح وكاتباً في المساء.

原则性的时代已经过去，这是迁徙的时代。

زمن المبادئ مضي، وهذا زمن الهجرة.

我同文本的关系在交给出版社的瞬间就结束了。

علاقتي بالنص تنتهي لحظة أن أسلمه إلى المطبعة.

关心该关心的人，其余的均为陌生人。

اهتم لمن يهتم، والبقية غرباء.

过去的事情留给时间，就让它过去吧，每个酒保都会给酒杯斟满酒。

أترك مر أفعالهم للزمن، فكل ساقٍ سيسقى بما سقى.

纯洁的人多么容易迷失。

ما أسهل أن يضيع الأبرياء.

如果爱情在我们的火箭时代能活上一整月,那就是长寿的爱了。

إذا عاش حب شهراً كاملاً في زماننا الصاروخي، فهو حب معمر.

朝着你的脸故意关上的门,千万别去敲第二次。

الباب الذي يغلق في وجهك عمداً, اياك أن تطرقه ثانياً.

恐惧阻止不了死亡,但是它能阻止生命。

الخوف لا يمنع من الموت لكنه يمنع من الحياة.

也许一个纯洁的灵魂能够拯救整个民族。

رب روح طاهرة تنقذ أمة كاملة.

文化就是你懂得自我，知道众生，晓得万物，也知晓各种关系，而你知道的结果，便是在生命的各个阶段表现得更好。

الثقافة أن تعرف نفسك أن تعرف الناس أن تعرف الأشياء والعلاقات ونتيجة لذلك ستحسن التصرف فيما يلم بك من أطوار الحياة.

每个疯狂的城市注定会有一个理智的人。

جرت المقادير بأن يوجد عاقل واحد في كل مدينة مجنونة.

尽管一切都很拥挤，但依然有真空。

هناك فراغ رغم ازدحام كل شيء.

如果我们在梦中诗意大发，或者在创造梦想的过程中受到了现实的启迪，那么我们就品尝不到遗憾和失望的滋味。

لو كنا نقتصد في أحلامنا أو كنا نستلهم الواقع في خلق هذه الأحلام لما ذقنا طعم الأسف والخيبة.

众生崇拜强力,乃至牺牲。

الناس يعبدون القوة، حتى ضحاياها.

生活是可爱的,哪怕它曾经令人失望、令人绝望。

الحياة محبوبة ولو كانت خائبة بائسة.

如果有爱情,也许我们会厌烦,但如果爱情消失了,我们会很想念。

قد نضيق بالحب اذا وجد ، ولكن شد ما نفتقده اذا ذهب.

灵魂与被逐出的地方相关,不是吗?

النفس تتعلق بالمكان الذي تطرد منه، أليس كذلك؟

心怀宽恕地活着,把胡乱揣测的罪过留给他人。

عش عفويتك، تاركاً للناس إثم الظنون.

从本质上讲，爱情是非理性的行为，最荒谬的莫过于同一个热恋中的人探讨他的相思之情。

الحب في صميمه سلوك لا معقول ومن العبث كل العبث أن تناقش عاشقاً في عشقه.!

历史卷起了它所承载的一切，而留下的爱情则是永远常新。

ينطوي التاريخ بما يحمل، ويبقى الحب جديدا الى الأبد.

在一个不合理的世界，智慧又有何用？！

ما فائدة العقل في عالم لا معقول.

恋爱中的人，尽管有瑕疵也爱，甚至爱上了那瑕疵。

الذي يحب، يحب رغم العيوب.. بل يحب العيوب أيضاً.

报纸上除了讣告栏就没有确切的真相。

لا حقيقة ثابتة في الصحف إلا صفحة الوفيات.

谁轻视女人的能力，我祝愿他重过没有母亲的童年。

المستهين بقدرات النساء أتمنى أن تعاد طفولته بدون أم.

男人对一切事情负责，只要他愿意就可以。

الرجل هو المسؤول عن كل شيء، ما دام يريد ذلك.

我可以告诉你们，一个男人是否聪明，看他怎么回答就可以看出来；我也可以告诉你们，一个男人是否有智慧，看他怎么提问就可以看出来。

يمكن أن أقول لكم ما إذا كان الرجل ذكيا من إجاباته، يمكن أن أقول لكم ما إذا كان الرجل حكيما من أسئلته.

当你只相信自己的热望的时候，你如何要求某个人对道德做出承诺。

كيف تطالب أحداً بالتزام فضيلة وأنت الذي لا تؤمن إلا بنزواتك.

如果真的要从内心发出笑声，那就从上空俯瞰地面。

إذا أردت أن تضحك من قلبك حقاً، فانظر إلى الأرض من فوق.

当你在生活中受到撞击,你肯定能让你的头脑变得比你的年龄大。

عندما تتعرض لصدمات في حياتك تأكد ان عقلك سيصبح أكبر من سنك بكثير.

只有两种人理解你,一种是经历过你的状况的人,另一种是非常爱你的人。

لن يفهمك إلا إثنان، أحدهم مر في حالتك، وآخر يحبك جداً.

我们所有人都以自己的生命蒙恩于他人。

كلنا مدينون بحياتنا لغيرنا.

痛苦有其喜悦的一面,绝望有其柔和的含义,死亡有其自身的内涵。

المعاناة لديها جانبها من الفرح، واليأس له نعومته والموت له معنى.

他否认生命,则不配死亡。

انه ينكر الحياة ولكنه لا يستحق الموت.

你在生活中自私地抱怨发牢骚似乎很容易，但如果你是个真正的人，想要因此而快乐则很难。

قد يبدو يسيراً أن تعيش في قمقم أنانيتك، لكن من العسير أن تسعد بذلك إذا كنت إنساناً حقاً.

如何找到遗忘的路径？生活的一切细节都充满了它们的痕迹。

كيف السبيل للنسيان، وكل تفاصيل الحياة مملوءة بهم.

真诚是一种可能在有些时候消失在虚幻之废墟下的珍宝。

الصدق جوهرة قد تختفي أحيانا تحت ركام الأوهام.

有时候，我们自己感到难过，不是因为我们做错了，而是因为我们觉得做得过度了。

إننا نشعر بالاسى على أنفسنا أحياناً، ليس لأننا أسأنا التصرف، بل لأننا أحسنا التصرف أكثر من اللازم.

在我之所想与我之所能之间，我是多么迷茫！

ما أشد حيرتي بين ما أريد وما أستطيع.

我生命中最大的挫败是视力减弱之后被剥夺了阅读的乐趣。

ان أكبر هزيمة في حياتي هي حرماني من متعة القراءة بعد ضعف نظري.

生活的哲理是我们有限生涯的现世中能够获得的最宝贵的东西。

إن حكمة الحياة هي أثمن ما نفوز به من دنيانا ذات الأيام المعدودات.

诗人走了，收音机取代了他的位置。

رحل الشاعر، أخذ الراديو مكانه.

离别时最令人痛苦的是不选最爱的，而选眼里看着最美的，和心里觉得最高贵的。

أكثر ما يوجع في الفراق أنه لا يختار من الأحبة إلا الأجمل في العين والأغلى في القلب.

最让你痛苦的是当你盲目地相信他们中的某个人的时候,这个人向你证明了事实上你才是那个盲目的人。

أكثر ما يؤلمك عندما تثق في أحدهم ثقة عمياء، ويثبت لك هذا الشخص أنك فعلاً أعمى.

我们周围的人们,谁得到了一个角色?我们都在一个大舞台上,所有人都是演员。

من من الناس حولنا يحظى بشخصية واحدة؟ نحن في مسرح كبير، الجميع ممثلون.

只有想念你的人才会问起你,只有注意到和你之间距离的人才会想念你。

لا يسأل عنك إلا من يفتقدك ولا يفتقدك إلا من يلاحظ مسافة الفراغ من بعدك.

幸福可以是一句深沉的话语,一缕清风,也可以是朋友的一份礼物,或者是来自一颗诚挚之心的邀请。

قد تكون السعادة على هيئة كلمة عميقة، نسمة هواء عليلة، هدية من صديق، أو دعوة من قلب صادق.

否认事实并不能改变事实。

انكار الحقائق لا يغيرها.

当前我心里的唯一信仰就是对科学和科学道路的信仰。

الإيمان الوحيد الحاضر في قلبي هو إيماني بالعلم والمنهج العلمي.

爱情不会选择某一个场合，它适合每一个场合。

الحب لا يتخير مناسبة، فهو صالح لكل مناسبة.

有的人，你送他任何一样东西，他以爱回赠你；有的人，你送给他一切东西，他却以痛苦回赠你。

بعضهم يهديك الحب دون أن تهديه أي شيء، وبعضهم يهديك الألم بعد أن تهديه كل شيء.

力量只在需要的时候爆发，而爱情随时都会发生。

القوة عند الضرورة والحب في جميع الأحوال.

不要损己利人。

لا تخسر نفسك من أجل أن تكسب غيرك.

不要惊慌，大门总有一天可能会打开，向那些以儿童的天真和天使的抱负投入生活的人致意。

لا تجزع فقد ينفتح الباب ذات يوم تحية لمن يخوضون الحياة ببراءة الأطفال وطموح الملائكة.

悲叹自己灵魂之墙，却不求任何人帮忙砌墙的人，向他致敬！带着微笑迎面走来，不让他们看到自己倦怠的人，向他致敬！

سلام على الذي انهد جدار روحه ولم يطلب من أحد أن يقيمه، سلام على الذي أقبل بابتسامة كي لا يريهم تعبه.

任何一种关系，都以情绪饱满而始，以道德显现而终。

في بداية أي علاقة تظهر المشاعر، وفي نهايتها تظهر الأخلاق.

自由是一顶冠冕，戴在人的头上，有了当之无愧的人性。

الحرية هي ذلك التاج الذي يضعه الإنسان على رأسه ليصبح جديرا بإنسانيته.

没被良心教训过的人，生活会教训他的。

من لا يؤدبه الضمير، تؤدبه الحياة حين تدور.

你们要有信念和耐心，因为生活并不总是公平的。

عليكم بالقناعة والصبر، فالحياة ليست منصفة دائماً.

孤立，就是你没有加入那种大多数人都虚伪的趋势。

العزلة هي عدم انضمامك إلى تلك النزعة التي معظمها تنافق.

不要对闲暇的人们进行评判。

لا يجوز الحكم على الناس في أوقات فراغهم.

你最朴素的行为,他们都加以责备,但他们的行为,眼睛看不见,耳朵听不到,良知也没有感觉到。

يعاتبونك على أبسط تصرفاتك، أما على تصرفاتهم لا عين تبصر، ولا أذن تسمع، ولا ضمير يشعر.

女人发怒的时候,丢掉了四分之一的美貌,二分之一的女人特质,和所有的爱情。

عندما تغضب المرأة تفقد ربع جمالها ونصف أنوثتها وكل حبها.

当你遇到某个人,他向你倾诉对人们的失望,那其实是在给你发信息:请你不要成为他们中的一个人。

عندما تقابل احدهم ويحكي لك عن خيبته بالناس، فهو يبعث لك برساله معناها ارجوك لا تكن منهم.

在当今的埃及，大多数人只在吃饭的时候当心是否能够拿到大饼，只有一些有文化的人知道民主是如何运作的。

في مصر اليوم معظم الناس يشعرون بالقلق مع الحصول على الخبز لتناول الطعام، فقط بعض المتعلمين فهم كيف يعمل الديمقراطية.

有些错误不值得道歉。

من الأخطاء ما لا يجدي معه الاعتذار.

谁在关键时刻有值得信赖的人是很幸运的，在这样的时刻会失去对一切的信仰，甚至失去自我。

محظوظ من يمتلك شخص يؤمن به في اللحظات الحرجة، تلك اللحظات التي تفقد فيها الايمان بكل شيء حتى نفسك.

民主就是热衷于学习，而专制统治，知识传播和启蒙是不符合其利益的。

إن الديمقراطية هي الحريصة على التعلم أما الحكم الاستبدادي فليس من مصلحته نشر العلم والتنوير.

我对一切都不后悔，除了在那些日子里，我因为害怕人们的闲言碎语，没有按照自己喜欢的方式去生活。

لست نادما على شيء إلا على أيامي التي لم أعشها كما أحب خشية من كلام الناس.

---

通常情况下，那些在我们睡前做出的决定，并没有随着我们的醒来而醒来。

في الغالب القرارات التي تسبق النوم لا تستيقظ معنا.

---

有的人死了，但是他们的话还活着；有的人活着，但是我们听不见他们的声音。

هناك أموات لم تمت كلماتهم، وهناك أحياء لم نسمع لهم صوتاً.

---

不要被法庭上"正义是国王的基础"这样的话给骗了，我知道许多小偷在他们的书桌上放着"这是我主的恩典"的字条。

لا تخدعك في المحاكم عبارة (العدل أساس الملك).. اعرف الكثير من اللصوص يضعون على مكاتبهم (هذا من فضل ربي).

我们没有改变，我们只不过是掌握了而已。

نحن لم نتغير.. بل استوعبنا.

谁在虚无中没有失去心的悸动，谁就是最幸福的人。

ما أسعد من لا يضيع خفقان قلبه في العدم.

爱恋者是虚弱的，而被爱的人则是强大的。

العاشق ضعيف أما المعشوق فقوي.

我不怕背后有体面的敌人，反而更怕身前欺骗成性的朋友。

لا أخشى على ظهري من عدو شريف بقدر ما أخشى على صدري من صديق مخادع.

书籍为人类准备了他所喜欢的生活。

الكتب تهيئ للإنسان الحياة التي يهواها.

我不善于像这样伤人地回答:我不善于在泥沼中游泳。

لا أجيد رد الكلمة الجارحة بمثلها.. فأنا لا أجيد السباحة في الوحل.

当陌生人碰巧成为我们的朋友时是多美的一件事,而当朋友突然变成陌生人的时候是多么卑贱。

- ما أجمل الغرباء حين يصبحوا أصدقائنا بالصدفة وما أحقر الأصدقاء حين يصبحوا غرباء فجأة.